中国科普创作大奖得主松鹰倾情奉献

科学巨人的故事

KEXUE JUREN DE GUSHI AIDISHENG

爱迪生

■ 松 鹰 著

希望出版社

图书在版编目（CIP）数据

爱迪生 / 松鹰著. -- 太原：希望出版社，2014.8（2019.9重印）
（科学巨人的故事）
ISBN 978-7-5379-7078-5

Ⅰ. ①爱… Ⅱ. ①松… Ⅲ. ①爱迪生，T.A.（1847~1931）-生平事迹-青少年读物 Ⅳ. ①K837.126.1-49

中国版本图书馆 CIP 数据核字（2014）第 153897 号

科学巨人的故事

爱迪生

松 鹰 著

责任编辑 谢琛香
美术编辑 白 翎
复 审 武志娟
终 审 杨建云
装帧设计 柏学玲 贾支荣
责任印制 刘一新

出 版：希望出版社
地 址：山西省太原市建设南路 21 号
开 本：787mm × 1092mm 1/16
印 刷：保定市铭泰达印刷有限公司
印 张：10 200 千字
版 次：2014 年 8 月第 1 版
标准书号：ISBN 978-7-5379-7078-5
印 次：2019 年 9 月第 5 次印刷
定 价：25.00 元

编辑热线 0351-4922240
发行热线 0351-4123120 4156603

AIDISHENG

爱迪生是举世闻名的美国发明家、科学家和企业家。他一生只受过三个月的正规教育，但他勤奋好学，勤于思考，从 12 岁起自谋生计，做过报童、小贩、电报员，凭着为人类造福的梦想和不懈的努力，最后成为大发明家。他一生有近 3000 项发明，其中要数留声机、电灯、电影放映机、碱性蓄电池最为著名。他的创造发明掀起了无数次科技革命，给后世留下了宝贵的财富。他因此被誉为“发明大王”。

任何时代、任何国家或事业中都很少有人能成为全人类的惠师。这个荣誉加在爱迪生身上是绰绰有余的。

——美国前总统胡佛

美国之所以是世界上最繁荣的国家，是因为美国有一个爱迪生。

——汽车大王亨利·福特

设想一个没有电灯、没有电影、没有留声机的世界是什么样子，才能使我们稍微看清他（爱迪生）造福人类的伟大意义。

——爱迪生的老同事阿瑟·帕尔默

KEXUE JUREN DE GUSHI

AIDISHENG

前 言

KEXUEJUREN DE GUSHI

世界因他们而精彩

这套《科学巨人的故事》(第二辑)总共 10 本,撰写了 14 位科学巨人的传记故事。他们是居里夫人、诺贝尔、瓦特、斯蒂芬孙、富尔顿、福特、莱特兄弟、麦克斯韦、马可尼、莫尔斯、贝尔、贝尔德和爱迪生。

居里夫人,这位伟大女性发现的镭为癌症患者带来了福音,拯救了无数人的生命。她以自己的勤奋和天赋,在物理学、化学两个领域作出了杰出贡献,成为第一个获得两次诺贝尔奖的人。诺贝尔,这位瑞典化学家、诺贝尔奖的创立者,他一生钟情炸药,却厌恶战争,憧憬和平。他创立的诺贝尔奖,成为全世界科学精英们追求的梦想。

瓦特,这个英国工匠的儿子,他发明的蒸汽机带动了工业革命,使人类的生活和世界文明完全改观。“它(蒸汽机)武装了人类,使人虚弱无力的双手变得力大无穷。”在瓦特蒸汽机的带动下,矿工出身的斯蒂芬孙发明了火车,开辟了全球铁路运输事业;自学成才的工程师富尔顿,造出了世界上第一艘蒸汽机轮船,为世界航海事业作出重大贡献。福特,这个农民出身的汽车大王,他的 T 型汽车创造了一个时代的奇迹,正是他“为世界装上了轮子”,使汽车从奢侈品变成大众化的交通工具。莱特兄弟,这两个想征服蓝天的美国大男孩,历尽挫折,亲密合作,最终实现了人类飞行的梦想。

因为他们,人类可以乘着火车、汽车、轮船和飞机,在陆地上奔驰,在海洋里畅游,在天空中翱翔。人类的生活变得便捷了。

麦克斯韦,这位可与牛顿、爱因斯坦齐名的英国物理学大师,他创立的电磁理论,天才地预见了电磁波,为后来无线电的诞生和发展开辟了道路,被誉为“电波之父”。我们今天生活在电波世界中，电视、广播、无线电通信、导航、遥控、遥测、雷达等现代新技术，都受惠于他的贡献。意大利青年马可尼，后来居上，成功地实现了用电波传递信息，成为举世闻名的无线电发明家。

莫尔斯，这位美国画家41岁时因受科普演讲的鼓舞，半路改行研究电报，后来竟创造奇迹，获得成功。他的发明，揭开了人类通信史上的崭新一页。有意思的是，追寻着他的足迹，苏格兰青年贝尔发明了电话，使人类“顺风耳”的梦想成真；另一个苏格兰青年贝尔德，发明了电视，让“千里眼”也变成现实。和贝尔同岁的爱迪生，这位家喻户晓的发明大王，他的留声机、电灯、蓄电池、电影放映机等上千项发明，为我们留下了宝贵的财富，也正是他的发明，让光明常驻人间。

这14位科学巨人的成才道路和创业经历，坎坷曲折，多姿多彩。他们的高尚品格和精神风貌，能给人许多启迪。如贝尔发明的电话改变了世界，但他却从不以电话发明家自居，一生致力于聋哑儿童的教育。莫尔斯、马可尼、贝尔德都是业余电子爱好者，但是他们敢想敢干，善于吸取前人的经验，最后脱颖而出，摘取了发明的桂冠。爱迪生一生从未停止过发明。他的座右铭是：“我探求人类需要什么，然后我就迈步向前，努力去把它发明出来。”居里夫人热爱祖国，一生淡泊名利，倾其毕生精力从事放射性研究，并为此献出了宝贵的生命……

我们重温他们的故事，倍感亲切，深受鼓舞。他们那种为人类造福的理想，那种敢于创新的精神，那种不怕失败、百折不挠的毅力，将永远激励后人。

可以想象，如果没有他们发明的火车、轮船、汽车、飞机和电灯、电报、电话、无线电、电视，世界将不再精彩。

让我们向这些科学巨人们致敬！

松鹰

2014年2月18日于成都兀岭书房

目 录

KEXUE JUREN DE GUSHI

MULU

KEXUE JUREN DE GUSHI

1863年夏季,美国密歇根州休伦港遭遇了空前的大暴雨,一连几天几夜,小城被洪水团团围住。铁路被淹没,电报线也被冲断了,又没有船只,休伦港同外界的所有联系都断绝了。正当人们一筹莫展的时候,一个梳着分头、年龄约莫16岁的少年,想出了一个巧妙的办法。他自告奋勇地爬上火车头,用汽笛的长短声发出了一封求援的电报,短声相当于电报中的"点",长声相当于电报中的"画"。不一会儿,从一千多米宽的河对岸,传来了长短汽笛的应答声。焦急的人们顿时高兴得把少年举了起来。就这样,被困的孤城同对岸联系上了。双方借助火车汽笛发出的长短信号互通了消息。

这大约是通信史上第一次用音响传递的莫尔斯电报。这个急中生智给全城解围的少年,就是后来举世闻名的发明家爱迪生。

爱迪生只受过三个月的正规教育,他从12岁起自谋生计,做过报童、小贩、电报员,凭着为人类造福的梦想和不懈的努力,最后成为大发明家。他一生有近三千项发明,其中要数电灯、留声机、电影放映机、碱性蓄电池最为著名。他的创造发明掀起了无数次科技革命,给后世留下了宝贵的财富。人们都称他是"发明大王"。

让我们走近爱迪生,看看他是怎样创造出一个又一个奇迹的……

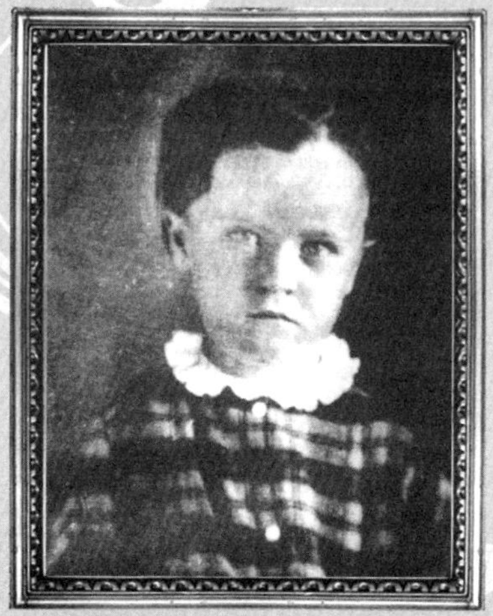

KEXUE JUREN DE GUSHI

童年时代

闯荡美洲的先祖

chuangdangmeizhoudexianzu

1847 年 2 月 11 日，爱迪生出生在美国东北部俄亥俄州一个叫米兰的小镇。父亲塞缪尔·爱迪生是个勤快的农民；母亲南希是一位牧师的女儿，曾当过乡村教师。爱迪生全名托马斯·阿尔瓦·爱迪生，是家里最小的孩子。爱迪生出生时，父亲已经 43 岁，母亲 37 岁。

父亲塞缪尔的祖辈是荷兰人，母亲南希的祖辈则是从苏格兰和英格兰移民到美洲新大陆的，所以在爱迪生身上具有荷兰人和英国人的血统。用传记作家 F.T.米勒的话说，“在他坚毅的性格中有荷兰人的艰苦耐劳、英格兰人的创造性和苏格兰人的毅力”。

事实上，爱迪生继承了祖辈的开拓精神、冒险精神和不怕失败、坚韧不拔、吃苦耐劳的秉性。

爱迪生的家族是个长寿家族。爱迪生的曾祖父活了 104 岁，祖父约翰·爱迪生活了 102 岁，父亲塞缪尔·爱迪生活了 92 岁。爱迪生本人则享年 84 岁，虽然不及他的先人，也算是寿星了。

爱迪生的曾祖父名叫托马斯·爱迪生，长得膀大腰圆，身高超过 1.80 米。他 1728 年漂洋过海，从荷兰来到美洲新大陆谋生。当他和许多欧洲冒险家登上纽约的海岸时，这里还是一个只有 5000 居民的小村落，四处杂草丛生，海盗横行。说起纽约的由来，颇有点传奇色彩。1626 年，在美洲大陆还是一片蛮荒之地时，一位荷兰船长亨利·哈德逊，从当地印第安人手里买下了一个岛屿——曼哈顿。这个荷兰人付给印第安人一些布料和珠子，最多只值 24 美元。他给这座岛屿取名为新阿姆斯特丹。荷兰人在岛上开疆拓土，建立了永久居住

纽约的前身新阿姆斯特丹

点。后来新阿姆斯特丹被割让给了英国，更名为纽约。当时谁也没有料到，日后它会发展成为繁华的世界之都。

哥伦布发现美洲新大陆以来，为了追逐黄金梦，欧洲移民大量涌入。还有一些清教徒，为了逃避宗教迫害，也纷纷涌到新大陆，把这里当作避难所。

1763年，随着法国与印第安人战争的结束，英国成了北美洲的霸主。英国为了维护本土的垄断利益，颁布了一系列高额税收的法令。1764年颁布了《食糖条例》，要求北美殖民地必须大量购买英国的食糖、咖啡、酒等商品。1765年颁布了《印花税法》，对所有印刷品直接征税。这些沉重的经济负担遭到殖民地人民的强烈反抗，1775年美国独立战争爆发，英属北美13个州的殖民地联合起来，和大英帝国展开了一场殊死的战争。1776年7月4日，大陆会议通过了著名的《独立宣言》，宣告了美国的诞生。经过北美人民的艰苦抗争，终于在1783年迫使英国承认美国独立。独立战争结束了英国的殖民统治，实现了美国国家的独立，确立了比较民主的资产阶级民主体制，有利于资本主义的发展，对拉丁美洲和法国大革命起到了推动作用。

1775年美国独立战争开始时，年富力强的托马斯·爱迪生在曼哈顿一家银行任高管。他积极投入这场战争，是一个坚定的革命派。从1775年4月至1777年10月，是北美殖民地的战略防御阶段，仗打得很艰苦。1776年8月，英军一度攻占纽约。1776年9月26日，英军占领费城。华盛顿被迫率领革命军退守到城外的福奇谷过冬。从1777年10月至1781年3月，双方进入战略相持阶段。1778年，在关键的时刻托马斯·爱迪生签名印发了纸币，资助美国革命的财政，对稳定革命阵营起了很大的作用。从1781年4月至1783年9月，北美革命军进入战略反攻阶段。1781年8月，美法联军由华盛顿统率，南下弗吉尼亚，一举控制了制海权。9月28日，美法联军共1.7万人完成了对约克镇的合围。英军统帅康瓦利斯无路可退，于10月17日与美法联军进行谈判。英国议会被迫赞成议和。1782年11月30日，英美两国签署了《巴黎和约》的草案。1783年9月3日，美国正式成为独立国家，共包括13个州，边界北至五大湖泊(安大略湖、伊利湖、休伦湖、密歇根湖、苏必利尔湖)，西到密西西比河，南至北纬31度。

签署《独立宣言》

爱迪生的曾祖父托马斯·爱迪生，是美国独立战争中的一位英雄。他的儿子也就是爱迪生的祖父约翰·爱迪生，却是一个拥戴英王的“忠君派”。英军占领纽约时，托马斯·爱迪生不畏白色恐怖，在家里向儿孙们宣扬要做爱国志士，约翰·爱迪生却被耀武扬威的占领军所吸引，执意和英军来往，帮他们做事。父子俩意见不合，又都具有荷兰人的顽固和执拗，经常争吵不休，谁也不让步。这与富兰克林的家庭悲剧颇为相似。富兰克林是《独立宣言》的起草人之一、美国的开国元勋，他的儿子威廉·富兰克林，却是英国王室的忠实追随者。最后父子

美国独立战争纪念地的民兵塑像

俩分道扬镳，成为终生的遗恨。

美国独立战争胜利之后，对亲英势力进行惩处。数万名在战争中投靠英王室的人，被流放到五大湖区以北的蛮荒地带，也就是英国殖民地加拿大。爱迪生的祖父约翰·爱迪生，为自己的"反革命罪"付出了代价，被迫加入到流放大军之中。他逃亡到加拿大东南边境的新斯科舍省，在一个小村庄里落了户，成为加拿大的忠实国民，后来娶妻生子，于1804年生下爱迪生的父亲塞缪尔·爱迪生。

命运常常喜欢作弄人。这个塞缪尔·爱迪生长大成人后，政治倾向与他的父亲完全相反，他很崇拜他父亲的父亲——也就是他的祖父托马斯·爱迪生——那位响当当的美国独立战争的英雄。到了1837年，英国女王维多利亚登基时，加拿大爆发了反对英国总督的起义。热血青年塞缪尔·爱迪生毫不犹豫地参加了起义队伍，担任了突击队长。他身材高大，威武勇猛，率领一群士兵，为当年他的父亲反对过的主义而冲锋陷阵。

塞缪尔的父亲约翰·爱迪生这时已是87岁高龄，住在维也纳镇，仍然恪守忠于英王。于是，爱迪生家族发生了第二次分裂。父子俩如同水火，针锋相对。这场政治立场对决的结果，是父亲约翰·爱迪生取得胜利，儿子塞缪尔·爱迪生最终失败。起义最后被英军镇压。胜者为王，败者为寇。塞缪尔·爱迪生就像当年他父亲一样，成了无国可归的丧家之犬，只不过两人背离的国家不同而已。

塞缪尔·爱迪生和妻子南希被发配到远离新斯科舍省1400多千米的百慕大群岛，备受困苦。塞缪尔·爱迪生生性顽强，不甘就此了却余生，他和妻子决定逃往美国。

他们冒着极大的危险逃出百慕大群岛，跋山涉水，历尽艰辛，终于踏上了美国的领土。夫妻俩走遍了伊利湖沿岸的各个城镇，选择扎根落户之地。1842年10月，他们在俄亥俄州米兰镇安下家。

五年之后，在这里诞生了令爱迪生家族名扬世界的大发明家爱迪生。爱迪生的祖父约翰·爱迪生仍住在加拿大，这时已97岁。

爱迪生家族的人个个都是犟脾气。约翰·爱迪生，至死对其父亲托马斯·爱迪生都不服气。托马斯·爱迪生颐养天年，活到104岁才仙逝。约翰·爱迪生晚年最大的愿望就是要活过他的父亲，至少也要活到104岁。可是天不遂人愿，他在102岁时去世，还是没有活过独立战争的老英雄。

好问的孩子

haowendehaizi

米兰镇是一个边境小镇，位于休伦河南岸，离伊利湖只有几千米远。伊利湖的北岸，就是加拿大。后来，这里修了一条运河，把米兰镇和莱克伍德码头连接起来，米兰镇由此变得繁华热闹起来。每当收获的季节，俄亥俄州大片良田里丰收的麦子都要运到这里，再从运河运到莱克伍德码头，远销到各地。米兰镇成了粮食的集散地，每天都有几百辆满载着粮食的马车、牛车，浩浩荡荡地来到这里。那是一道很壮观的风景线。

爱迪生的父亲塞缪尔·爱迪生，在米兰镇开设了一家木工厂，制造房顶木瓦。那个年代房屋都是自己建造的，买块很便宜的地，再买来砖头、木瓦、立柱等标准件，就像搭积木一样把房屋建造起来。塞缪尔·爱迪生的木瓦生意很红火，他的收入颇丰，手下还雇了好几个工人。

塞缪尔的家建在一个山坡上，是一栋带顶楼小屋的红砖平房。房子造得简朴结实。正门上钉着铁门环，门外有一个回廊。坐在门前的回廊上，可以望见远处的运河。

爱迪生出生时，父亲特地在屋后的园子里种了一棵黑樱桃树，以纪念小生命的诞生。小爱迪生是家里的老幺，他前面有一个哥哥名叫威廉·皮特，和当时的英国首相同名。还有一个姐姐名叫丹妮。全家人都为爱迪生的呱呱坠地而欣喜。躺在襁褓里的婴儿，头发稀疏，大脑门，一双晶亮的灰眼睛滴溜溜地转。

“瞧他的眼睛多有神啊！”姐姐惊喜地说。

“脑门真大呀！”哥哥嚷道。

塞缪尔·爱迪生这时已 43 岁，壮年得子，更是喜气洋洋。他挨家挨户地向

爱迪生的出生地

邻居报喜:“我又添了一个儿子!样子长得像他妈妈,又温和又漂亮。”

父亲塞缪尔·爱迪生

母亲南希

“啊!恭喜啦。”

“孩子取名字了吗?”邻居问。

“取啦,就叫托马斯·阿尔瓦。小名叫阿利。”塞缪尔·爱迪生自豪地向邻居解释说,“托马斯是我祖父的名字,他可是美国独立战争时的一位英雄。阿尔瓦是一个船长的名字,是我们家的老朋友。”托马斯·阿尔瓦,再加上姓氏爱迪生,全名就是托马斯·阿尔瓦·爱迪生。

邻居打趣道:“你的大儿子和英国首相同名,干脆你给小儿子取个美国总统的名字吧!”当时美国的总统名叫詹姆斯·波尔克,是美国第11任总统。他是一位种植园主的儿子,有“美国最勤奋最有效率的总统”的美誉。

“呵呵,您说笑了。”塞缪尔·爱迪生回答说,“说不定,我的小儿子将来比总统还有名呢!”塞缪尔·爱迪生压根儿没有想到,他的这句戏言后来竟然成了真。

爱迪生从小体质比较弱,脑袋长得比一般儿童都大,是一个大头娃娃,甚至有医生怀疑他的脑袋里可能有病。

小爱迪生的脑袋的确与众不同,但那不是“有病”,而是有无穷无尽的问题。

爱迪生对周围的一切都充满好奇,什么事都喜欢刨根问底。这和英国大物理学家、“电波之父”麦克斯韦的童年有点像。麦克斯韦从小喜欢思考,他跟着父母出去玩,一张小嘴总是不停地提出各种各样的问题。诸如“树木为什么向

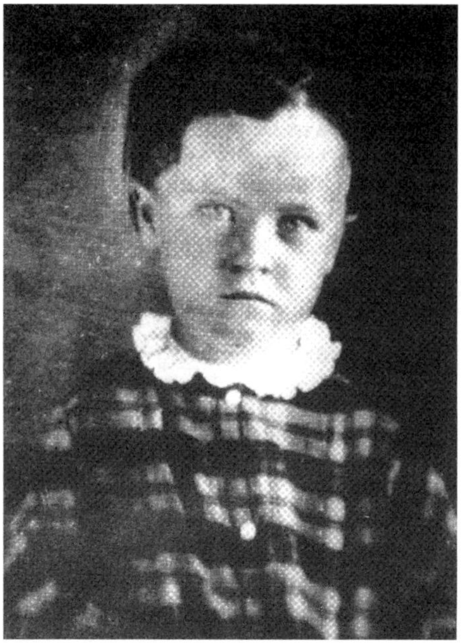
童年的爱迪生

天上长"呀,"蚂蚁会不会说话"呀,"琴弦为什么会发出声音"呀,等等。

"爸,狗为什么汪汪叫?"爱迪生的问题,和麦克斯韦的一样有趣。

"这是狗在说话。"父亲信口答道。

"那牛说话为什么是哞哞叫呢?"

"牛和狗不是同类嘛,说话的声音当然有区别啰。"

爱迪生点点头,似有所悟。

接着,他又问:"爸,鸭子走路为什么一摇一摆的?"

"那是鸭子的习惯。"

"不是习惯。"爱迪生反驳道,"是为了走得更快。"

"为什么呀?"

"你看河里的船,"爱迪生指着河里的一条摇橹船,"船尾巴上的划子一摇一摆的,划得才快啦!"

没想到,小家伙这么有观察力,父亲大为惊讶。他还没有回过神来,爱迪生又问道:"爸,休伦河的水流到哪里去了?"

"流到伊利湖了。"父亲回答道。

"河水为什么要往伊利湖流呀?"爱迪生又问。

"为什么?几百年来都是这么流的嘛。"

"爸,河里那些船为什么不沉啊?"

"它们都是用木材制造的。"

"为什么木材造的就不沉呢?"

“木材比水轻嘛。”

“为什么木材比水轻呢？”爱迪生追问道。

“呵呵，这我可就不知道啦！”父亲无奈地说。

“为什么你不知道呢？”爱迪生仍坚持不懈地追问。

父亲语塞，笑着拍拍儿子的大脑袋。

麦克斯韦的发问，喜欢刨根问底，直到把大人问得张口结舌为止。在这一点上，爱迪生毫不逊色。不同的是，爱迪生的好奇心更具有实战性。他不仅爱提各种稀奇古怪的问题，而且什么事都想亲自试一试，为此他还闹过不少笑话。

4 岁的时候，他想看看篱笆上的野蜂窝有什么奥秘，就拿一根树枝去捅，结果被野蜂蜇得满脸红肿，几乎连眼睛都睁不开了。

6 岁那年，为了试验“火的威力”，他点着了家里的牲口棚。眨眼工夫，浓烟滚滚，火焰冲天。父亲和邻居们赶来救火，一片慌乱。爱迪生却躲在一旁观看，直到牲口棚烧完为止。后来被父亲发现了，把肇事的他拉到村头，打了一顿屁股以示警告。

还有一次，早饭后爱迪生突然失踪了，到晌午还不见他的影子。父母亲很焦急，四下里寻找。直到傍晚，父亲才发现他在后院的鸡舍旁边，小心翼翼地趴在一堆鸡蛋上一动也不动。

父亲问他：“阿利，你在干吗呀？”

“我在孵小鸡。”爱迪生回答道。

原来他看到母鸡孵蛋，决定效仿，要亲自试一试小鸡是怎样孵出来的。他居然饿着肚子，从早到晚整整“孵”了一天。这种做实验的兴趣和惊人的耐心，后来成了爱迪生一生事业成功的重要因素。

笨鸟先飞

benniaoxianfei

当时,铁路线已经铺设到美国的边境地带,并带来了城镇的繁荣和经济的发展。一个新的时代正在来临。米兰镇以北的休伦河南岸,最先通了火车。消息传来,人们都很稀奇。爱迪生跟随大人赶到那里去参观,看见长龙般的火车吐着浓烟呼啸而过,兴奋极了。铁路公司也打算在米兰镇修建铁路,但是当地一些保守的土老财极力反对铁路线经过米兰镇。他们担心铁路修好后会抢走运河的生意,因此联合起来,一致反对铁路公司的计划。无奈之下,铁路公司只好绕开米兰镇修建了铁路。那些铁路经过的城镇,很快就成了小麦和木材的新集散地。边远地区的人们把小麦、木材用马车拉到那里,再装上火车运走。

这样一来,到米兰镇的车队就越来越少。塞缪尔·爱迪生预见到米兰镇会很快萧条下去,于是下决心搬家。他卖掉了米兰镇的小工厂和房子,举家搬迁到休伦港。

休伦港虽然属于密歇根州,但离米兰镇只有160千米。它的位置在休伦湖的最南端。这个地方依山傍湖,风景秀丽。爱迪生的新家位于休伦港的北郊,是一座耸立在高地上的大宅子,可以远远望见圣克莱尔河从休伦湖流出。据说,这个豪宅曾经住过一个富商,后来搬到繁华热闹的底特律去了。在小爱迪生眼里,新家的宅子大得像个城堡,共有十几个房间。房子后面是一片松林,还有一个约莫60亩大的菜园。

搬到休伦港后,父亲塞缪尔·爱迪生改做粮食生意,并和当地的企业家合作开了一家木材公司,主要业务是销售从山上砍伐的树木。他还在自家菜园里栽上果树，种上各种蔬菜，把生产的水果和蔬菜运到集市上去卖。由于经营有方，他的生意做得很成功。

塞缪尔·爱迪生很有经营头脑，搬来休伦港不久，就搞了一个惊人之作，在他家的最高处建了一座30多米高的瞭望塔。这座塔由旋转木梯直通塔顶，站在塔顶上，可以眺望远处的湖光山色。村里人把它称作"爱迪生通天塔"。一时间，这座塔成了边境地区的标志性建筑，许多游客慕名前来观光。

爱迪生向游客们散发传单，上面写道："欢迎攀登爱迪生通天塔——美国最高的塔！您可以远眺休伦湖和圣克莱尔河。边境美景尽收眼底，一览无余。门票仅售两角五分。"

爱迪生亲自充当收钱的门丁。最初两个月，登塔的游客不多，每天爱迪生约有3美元的进账。后来铁路公司登广告提倡旅游，来游湖的旅客蜂拥而至，

风景如画的休伦湖

最高峰时每天游客会达到 600 名。他们在林中野餐，并攀登这座“美国最高的塔”。爱迪生坐收门票，乐得嘴都合不上了。可是好景不长。有一次刮大风时，通天塔摇晃得很厉害，登塔的木梯也嘎嘎直响，吓得客人们惊慌失措。消息传出去后，登塔的人就渐渐少了。后来门票降价到 1 角，也挽回不来游客。再后来，村里人经常看见爱迪生一个人站在塔顶上，举着望远镜傻乎乎地望着远方。

父亲的经营才能影响着儿子，爱迪生从小就学会了经商。他赶着家里的一辆旧马车沿街叫卖蔬菜。马车里装满了大葱、豌豆、白菜、芋头等，都是自家菜园里的收获。爱迪生还雇了一个荷兰籍小孩做帮手，那个小孩名叫迈克尔，干活很卖力气。休伦港的居民很关照这两个机灵的小商人，他们的蔬菜卖得很快。爱迪生又从别的农户那里批发了水果来卖，有苹果、樱桃、李子、雪梨什么的，销路颇佳。一年下来，爱迪生净赚了近 600 美元，都交给母亲保存。

搬到休伦港的第二年，即 1855 年，8 岁半的爱迪生进学校读书。这是一所乡村私立学校，只有一个班级，一个老师兼校长。这个老师是位牧师，名叫乔治·恩格尔。课程只开了阅读、写字和算术三门。爱迪生本来 7 岁就应该进校读书，但是搬到休伦港后，他不幸得了猩红热，医治了将近一年才痊愈，一只耳朵也因此失聪。母亲就推迟了他上学的时间。

爱迪生起步本来就迟了些，不巧那个恩格尔牧师又是个简单、粗暴的人。每次上课，矮胖、秃顶的恩格尔总是拿着戒尺，动不动就打学生的手心，还经常揪耳朵和罚站，把天真的孩子管教得像木偶一样。爱迪生的心思本来就不在课堂上，他对老师枯燥的讲课内容没有兴趣，还经常提一些离奇的问题，让老师下不了台。老师对他更是没有好感。三个月下来，爱迪生每次考试都是全班倒数第一。恩格尔先生断定爱迪生是个低能儿，当众羞辱他，说他是“白痴”“傻瓜”，“不是读书的材料”。

母亲听说这事以后很气愤，跑到学校找到恩格尔先生，当面质问他为什么要羞辱自己的儿子。

“不是我羞辱他，是他自己不争气。”恩格尔先生的态度很傲慢。

“我也做过老师，我知道应该怎么教育孩子。”南希气愤地说。

“您儿子坐在课堂上，不是在石板上胡乱涂画，就是东张西望，找人说话；他经常问人一些不可思议的问题，自己又说不出个所以然来……这样的学生，您说该怎么教育呢？”恩格尔先生反唇相讥。

“那是因为你讲的东西枯燥乏味，引不起学生们的兴趣。”南希回敬道。

“我讲的东西其实很好理解，只有蠢笨的人才不感兴趣。”

“天下只有蠢笨的老师，没有蠢笨的学生！”

“既然夫人说我是蠢笨的老师，那您就另请高明吧。”恩格尔先生恼羞成怒。

“很好，我这就把阿利带回家亲自教他。”南希斩钉截铁地说，“我要让你瞧瞧，我能把儿子造就成什么样的人才！我再也不想见到你这样自以为是、误人子弟的老师了。”

母亲毅然让爱迪生退了学。爱迪生一生就上了三个月学。

爱迪生后来成为大发明家，曾满怀感激地回忆说：“当老师叫我‘白痴’时，母亲来到学校为我极力辩护，从那时起，我决定要为她争光，不辜负她的期望。她才是真正理解我的人。”

爱迪生退学以后，母亲成了他的启蒙老师。母亲性情温和，又有教育经验。爱迪生在她的循循善诱下，就像禾苗遇到了雨露。这个孩子表面上愚笨，实际上很聪明，对于感兴趣的东西，稍加引导就可以领会。母亲先教他英文、算术，接着就教他物理、化学，并且常用讲故事、提问题的方式来增加他的学习兴趣。同样的课本，爱迪生在恩格尔先生那里听起来味同嚼蜡；到了母亲这里，却变得引人入胜，趣味横生。

爱迪生进步很快，两年以后，以前的同班同学还跟着老师在学“小猫”“小狗”，他已经开始阅读休谟的《英国史》、吉本的《罗马帝国衰亡史》，以及《大英百科全书》了。11 岁时，他已开始试读牛顿的巨著《自然哲学的数学原理》，并给同龄的孩子讲《圣经》里的故事，还有《莎士比亚文学》和《美国史》。

母亲南希还有意识地教导他如何做人，告诉他做人要诚恳、正直、勤勉，并把爱国家、爱人民的思想灌输到他的脑海中。这对爱迪生的成长起了至关重要的作用。

父亲塞缪尔·爱迪生看见儿子的进步，也十分自豪。他对那个羞辱儿子的恩格尔先生一直耿耿于怀。爱迪生家族的人都是以倔犟闻名的，塞缪尔·爱迪生更是有一种不服输的心态：你说我的儿子“不是读书的材料”，我偏要证明给你看看咱家的阿利是个博览群书的好料！于是，爱迪生每读完一本书，父亲就给他 1 美元零用钱作为奖励。这样爱迪生既丰富了知识，又可以攒一小笔外快，读书的劲头更足了。

没有多久，家里的藏书就被爱迪生读完了。于是，爱迪生开始光顾休伦港图书馆，一本接一本地读，乐此不疲。父亲给爱迪生立下奖励条例时有个条件，就是看小说没有奖金。换句话说，父亲不允许他看小说，至少是不鼓励。但是母亲南希很有见识，也更包容儿子，她认为文学能够陶冶人的心灵，启迪人的想象，她不仅不反对爱迪生读小说，还引导他读一些文学经典。

爱迪生在母亲的引导下，阅读了英国作家司各特的名著《威弗利》《撒克逊劫后英雄略》，还有笛福的《鲁滨孙漂流记》、约翰·班扬的《天路历程》。小说里的人物和故事，常常令他心驰神往。《鲁滨孙漂流记》描写了一个英国青年鲁滨孙因乘船遭遇风暴失事，漂流到一座孤岛上，独自在那里生活了二十多年，历尽艰难困苦，顽强地生存下来，而且经营了一片沃土。鲁滨孙的坚毅性格和开拓精神，给爱迪生留下了很深的印象。还有那本风靡全球的《天路历程》，也给爱迪生留下了难以磨灭的记忆。这本书 1678 年出版，先后被译成 100 多种文字，家喻户晓的程度仅次于《圣经》。书中讲述了一个基督徒如何跋山涉水，历经坎坷，最后到达天国之城的人生经历。据说富兰克林少年时也最爱读这本书，甚至能背诵大段的章节。爱迪生读了此书后，也是爱不释手。小小年纪的他，从中领略到一种闯荡四海、不达目的绝不罢休的精神。

《鲁滨孙漂流记》

《天路历程》

地窖实验室

dijiaoshiyanshi

渐渐地，母亲发现爱迪生特别喜欢化学和物理。他对实验的兴趣更是越来越浓。每读一本书，他不但要弄懂里面讲的原理，还要亲自动手试一试。

爱迪生 11 岁的时候，在他家的地窖里建起了一个小小的实验室。他自己动手做了一个木架子，上面摆满了 100 多个各式各样的瓶子，里面装着盐酸、苏打一类的化学药品。爱迪生在瓶子上贴满“毒药”的字条，以防止别人乱动。这些药品都是用母亲给他的零花钱买的。后来，零花钱不够了，他就到当地刚通车的火车上去卖点心和报纸,挣钱来买实验用品。

卖蔬菜的小帮手迈克尔,这时又成了爱迪生的实验室助手。爱迪生最大的乐趣,就是躲在小实验室里搞一些奇奇怪怪的实验。地窖里时常传出一些爆炸声,父母亲开始还有些担心,后来也就习惯了。

有一次,爱迪生几乎闯了大祸。事情的起因不是由于药物爆炸,而是由于这个少年实验家的异想天开。

这天,爱迪生和迈克尔在一起讨论人类能不能飞的问题。

“既然鸟能飞,为什么人不能飞呢?”爱迪生问。

“鸟有翅膀,所以能飞。人没有翅膀,所以飞不起来。”迈克尔说得蛮有道理。

“气球也没有翅膀,”爱迪生反驳道,“但是气球照样也能飞呀!”

“是啊。”迈克尔点头称是。

“这说明,翅膀并不是飞起来的必要条件。”爱迪生下结论地总结说。

“我赞成。”迈克尔很佩服他的高论。

“最近我正在考虑,如何让人类飞起来。”爱迪生煞有介事地说。

这可是一个重大课题。迈克尔不禁肃然起敬。

“真的吗?”他问。

“我有一个好点子。”爱迪生透露了一句。

“什么好点子呀?”迈克尔很好奇。

“你等着瞧吧。”爱迪生神秘地微笑着。

这段时间,爱迪生的确在盘算着他的“重大课题”。爱迪生从一本书里读到气球上升的原理,入了迷。他想,要是人的肚子里充满了气,一定也会升上天。那该多美啊!

几天以后,爱迪生用发酵粉和其他原料配了一包药粉,把它叫作“腾空剂”。之后，他通知迈克尔到地窖实验室里来。

“迈克尔，我发明了一种可以让人飞起来的‘腾空剂’。”

“腾空剂？”迈克尔将信将疑。

爱迪生就动员迈克尔先试一试。他从玻璃瓶里倒出一包药粉递给迈克尔，示意他吞下去。

迈克尔觉得心里不踏实，不愿意试。

爱迪生鼓动他说：“为了神圣的科学事业，你就吞下去吧！”

迈克尔见他表情严肃，态度诚恳，犹豫了一下，就闭着眼睛把药粉咽下去了。爱迪生又端来一大杯水，叫迈克尔喝下去，说喝了水可以帮助产生气体。

迈克尔喝下水，不一会儿药性发作，疼得大哭大叫，捂着肚子在地上直打滚。爱迪生急出了一身冷汗。迈克尔的哭声惊动了爱迪生的父母，他们赶到地窖实验室，看见爱迪生正从架子上取下另一瓶药品，口中还念念有词：“根据实验原理，如果你第一次不成功，就再试别的。”

父亲塞缪尔见状，气得从门后拿出一根柳条鞭，揪住爱迪生猛抽他的屁股。迈克尔没有飞起来，爱迪生倒是被打得满屋子飞跳。

母亲南希催着父亲赶快找来医生，才使迈克尔脱离了危险。父亲狠狠地训了爱迪生一顿，但是爱迪生并不承认实验失败，他认为主要是迈克尔缺乏足够的忍耐力。

“你还嘴犟哩。”父亲喝道。

“要不爸爸亲自试一试。”爱迪生小声嘀咕着。

“嘿嘿，我可不想满地打滚！干脆把这些瓶瓶罐罐扔了算啦。”父亲有些恼火。

“不能扔！”爱迪生央求道，“只要你们依我，将来我一定会做成大事。”

“好吧，我们相信你的话。”母亲说。

幸好有母亲南希的理解和庇护，爱迪生的地窖实验室才保全下来。作为条件，爱迪生答应再也不在伙伴身上做实验了。平时他把实验室锁上，避免别人闯进来遇到危险。

爱迪生暂时放弃了使人升天的幻想。但他并没有被父亲的柳条鞭所吓倒，只是“吃一堑，长一智”，后来在选择实验对象时比以前小心了。

爱迪生的大脑袋里常有奇想迸发。据说有一次，他对邻居家的黑人女仆说，自己配制了一种药粉，可以把她的皮肤漂白。

“你愿不愿意试一试？”他认真地问。

结果，吓得那个黑女人几天都不敢露面。

“快报！快报！”

报童

baotong

1859年，爱迪生12岁的时候，铁路公司开通了一条从底特律到休伦港的铁路线，全长100千米。对休伦港来说，这是一件大事。冒着浓烟呼啸而过的火车，把这个湖边小镇与繁荣的底特律联系起来了。

爱迪生决定跟着火车到外面去闯荡，他把自己的想法告诉了母亲。

“妈妈，我想到大干线铁路的火车上当报童，这样我就可以赚钱自己养活自己了。”

“阿利，这可不行。”妈妈不放心地说，“你才12岁，要自己赚钱吃饭还太小。”

“我不小了。”爱迪生倔强地说，“我有80磅(1磅相当于0.45千克)重，

火车把休伦港与外界联系起来

足足有一蒲式耳(1 蒲式耳相当于36 升)小麦重了！”他的话并不夸张，一蒲式耳小麦重约 70 磅。

“爸，你说是吧？”小家伙转过头向父亲求援。

“我的收入还能养活儿子。”父亲说。

“火车上太危险了。”母亲劝儿子道，“它就像脱缰的野马一样难以驾驭，搞不好你会被摔下来，列车还可能相撞……”

报童爱迪生

“不会有危险的。我已经上火车体验过了。”小家伙胸有成竹地说，“我亲眼看见司机开得很平稳，一路上都有人向火车欢呼哩。”

原来儿子已作过调查了。父亲塞缪尔的嘴角露出了微笑。

“爸，我真的下定了决心，要去外面自主创业。当年祖父和你，还有曾祖父，不都是闯荡美洲、自主创业的勇士吗？”爱迪生央求道，“在火车上当报童是个顶好的差事。我不仅能够赚到钱，还能不花钱看报纸，在底特律停留时，我还能到图书馆看书。”

爱迪生终于说服了父母亲，同意他到休伦港至底特律的火车上当报童。

爱迪生每天早晨 6 时起床，赶上 7 时从休伦港开出的列车，10 时到底特律。小家伙手里拎着装满货物的篮子，在车厢里穿行，向旅客们兜售报纸、杂志和糖果、点心。据爱迪生的伙伴说，他从来不讲究穿着，总是母亲强迫他洗干净手脸、换上干净的衣服。这种不修边幅的习惯，伴随了爱迪生一生。有一张保留下来的爱迪生当时的照片，他戴顶有檐帽，围着围巾，手里拿着报纸，笑容可掬，完全是一副让人喜欢的阳光少年形象。爱迪生后来对人说，在列车上当报童的那段岁月是他“一生中最快乐的时光”。

车厢里回荡着爱迪生的叫卖声：“卖报纸、点心、水果糖！”

“喂，小家伙，给我来一份报纸！”

“我买两袋花生，再来一个三明治！”

“先生，三明治没有，您买面包吧！”

“好哩。”

旅客们都很喜欢他，篮子里的东西很快就卖得差不多了。爱迪生聪明、勤快，很会经营。后来忙不过来的时候，他雇了一个男孩在列车上给他当帮手。这样一来，报纸的销售量增加了很多。除此以外，他还在沿途的小站上向农民购买廉价的奶油、水果等，运到休伦港销售。

爱迪生的生意做得很红火。他每天可以赚 10 美元，相当于一个成年人的收入了。多的时候，每天可以进账 20 美元。爱迪生每天给母亲 1 美元，作为自己在家里的伙食费。其余的钱，他交给母亲一部分补贴家用，另一部分用来购买做实验的化学药品。为了扩大业务，爱迪生在休伦港还开了两个小铺子，分别销售报纸和蔬菜、水果。他带领儿童们做生意，赚来的钱大家共享。这种潜在的团队意识，对他日后的发明事业大有帮助。

爱迪生每天到火车上去卖报纸和点心，起早摸黑，相当劳累，可是他善于抓紧一切机会学习。火车每次到达终点站底特律要停留几个小时，爱迪生就利用这段时间，跑到底特律公共图书馆去看书。晚上火车开回休伦港，他回家吃完晚饭，就钻进地窖里做实验。爱迪生还喜欢在火车站的电报室里逗留，观看电报员向其他车站发出火车运行信号，他还向电报员请教如何用莫尔斯电码收发报。爱迪生聪明机灵，很快就学会了。电报员手指敲击电键的神速，让他惊叹不已，百看不厌。

底特律是美国密歇根州最大的城市，当时已经有5万人口，是一个重要的船运中心和工业城市，充满着竞争和活力。底特律图书馆有上万册藏书，爱迪生每次走进图书馆，都坐在一个角落里静静地读书，直到火车开车前他才匆忙离去。渐渐地，爱迪生引起了图书管理员的兴趣。管理员发现，这个小读者每次都是从书架上按照次序取书来读的。没过多久，他已读完第一个书架上面的两层图书了。

有一天，管理员好奇地问爱迪生："小家伙，你为什么按照书架上的顺序读书呀？"

爱迪生回答说："我要把图书馆里的书全部读完。"

小家伙雄心万丈，要读遍底特律图书馆的上万册图书！父亲塞缪尔当初鼓励爱迪生每读一本书就奖励一美元，只计数量，不管内容。这显然是因此带来的后遗症。

管理员问爱迪生："你知道需要多少时间，才能读完图书馆里的图书吗？"

"不知道。"爱迪生摇摇头。

"馆内有16000册图书，就算你每天读一本，也要16000天！"

"16000天？乖乖，43年零305天啊！"爱迪生心算了一下，不禁瞠目结舌。

管理员微笑着对爱迪生说："你的这种精神令人钦佩，但是读书要有目的性。不管什么书都读，囫囵吞枣，不仅浪费时间，还很难消化。所以我建议你读书要有目标，比如科学读物，或者文学名著，再不然就是历史地理、风土人情，等等。"

爱迪生茅塞顿开。

"文学名著我读过很多，我现在对化学特别感兴趣，还有就是电学也蛮有趣的。"他回答说。

"图书馆里有很多关于电学的书籍，还有不少科学大师的传记，欢迎你阅读，定会使你受益匪浅。”

“那就谢谢啦！”爱迪生喜出望外。

他的阅读从此步入正轨，他也因此大受裨益。不久，爱迪生读到富兰克林和法拉第的故事，对电学产生了浓厚的兴趣。于是，他有目的地阅读了一些有关电学基本原理的书，弄懂了许多新东西。

流动实验室

liudongshiyanshi

爱迪生 9 岁的时候，读过一本帕克的《自然与实验哲学》。这本书的内容相当深，他当时只留下一些模糊的印象。爱迪生现在重读这本书，居然大部分内容都能领会了。书中有 10 页内容，专门讲述莫尔斯电报的原理。爱迪生读完后，便学着制作电报机，架设电线，进行电报传送实验。他自己搞了一个小小的“电报公司”，动员邻居少年加盟。有个少年名叫詹姆斯，也对电报机有兴趣，他父亲是个铁路工人，他家和爱迪生家相距约有 500 米远。爱迪生从自己的家拉了一条电线，一直连接到詹姆斯家。他们用简陋的电瓶、线圈自制了两台电报机，并且用小块铜簧当发报机键。爱迪生把他在车站电报室学到的方法应用起来。每晚从底特律回家后，他匆匆吃完饭，就和詹姆斯一道练习操作收发报。

没有多久，爱迪生就掌握了电报收发的基本原理，并且能用自制的土电报机和詹姆斯互通简单的消息了。

“嗨，詹姆斯，收到我的信号了吗？”他用手指拨弄着电键，发出一组组电报信号。

“收到啦，阿利，太妙啦！我的信号清楚吗？”詹姆斯用电报回复道。

“你的信号吱吱的，就像耗子叫。”爱迪生继续拨弄着电键，一脸的坏笑。

“你的信号啵啵的，像打屁虫。”詹姆斯回复。

“正经点，给我爸爸传一条像样的消息来。”爱迪生下达指示。

“好的，今日报载市场行情：猪油每磅 7 美分，羊肉每磅 4 美分，活鸡每只 10 美分……”

父亲看见爱迪生的演示，非常惊奇，夸奖了儿子一番。

当然，爱迪生和小伙伴搞的土电报只能算玩具，顶多是初学者水平。电报在当时是一门高新科技，专业性很强。一个正规的电报员，必须经过严格的训练。说实在的，他俩还没有入门哩。不过，爱迪生得到父亲的称赞，备受鼓舞。他的电报游戏本可以继续玩下去，还可以继续提高水平。不料有一天晚上，一头受惊的牛跑进果园，横冲直闯，把架在树上的电线扯得一塌糊涂。爱迪生的私人电报专线，就此夭折了。他的电报梦也暂告一段落。

这个玩电报的经历，虽说是个小插曲，但对爱迪生日后搞发明创造的意义却非同小可。可以毫不夸张地说，爱迪生登上世界发明大王的顶峰，就是从鼓捣电报机开始起步的。莫尔斯当年发明电报开辟的伟业，哺育了许多有志的后人。电话发明家贝尔、发明大王爱迪生，以及后来的无线电发明家马可尼，都是电报的受益人和发扬光大者。这是后话。

在休伦港至底特律铁路线上奔跑的火车，是一种老式列车，共有三节车厢。第一节是行李房和吸烟室，第二节和第三节是乘客车厢。而行李房又隔成三个房间，分别放置货物、邮件和供列车员休息用。

电报实验暂停之后，爱迪生对化学实验的热情仍然不减。每天他在列车上卖完报纸、糖果后，有不少空闲时间。爱迪生心想，与其坐在休息室里发呆，或者和列车员闲聊，还不如把空闲时间利用起来。他记得富兰克林的一句名言：“你热爱生命吗？那么别浪费时间，因为时间是构成生命的材料。”

每天火车从底特律开回休伦港，大约是晚上 9 时 30 分。回到家里，爱迪生匆匆吃过晚饭,再到地窖实验室做实验,12 时前睡觉。他感到时间很不够用,于是他突发奇想:如果能把实验室搬上列车,他就可以利用火车上的空当时间做自己的实验了!

于是,爱迪生瞅准机会,向列车长史蒂文森提出请求。史蒂文森是个苏格兰人,长着一头灰发,赭红脸膛,性格粗犷,嗓门很大。

这天上午,史蒂文森在车厢过道上和爱迪生打了个照面,笑嘻嘻地问道:

“嘿!阿利,今天的报纸又卖光啦!”

“是呀,列车长,都是托您的福。”爱迪生恭敬地说。

“呵呵,那是你自己勤快嘛!”史蒂文森满面红光地说道。

“列车长,我有件事想求您,不知行不行啊?”爱迪生小心地问。

“什么事呀?说来听听。”

“那间休息室又小又不通气,一直空着,我想借用一下放点实验用品。”

“放实验用品干啥用啊?”

“我喜欢化学,想在车上做实验。”

按说这是违反铁路规章制度的,只是由于爱迪生为人机灵,又很勤快,乘务员和车上的旅客都很喜欢他,列车长史蒂文森也就答应了。

“没有问题,休息室就借给你用了!”

“太谢谢您啦。”爱迪生乐得心花怒放。

“你不会把列车炸飞吧?”史蒂文森顺便开了一句玩笑。

“不会,不会,都是些小玩意儿,没那么大的能量!”爱迪生认真地解释。

就这样,爱迪生把地窖实验室里的一部分东西搬到了列车上,还花钱新添置了一些实验用品。就这样,他的流动实验室建立起来了。

每天报纸、点心一卖完,爱迪生就乐滋滋地躲进行李车厢里做化学实验。在奔驰的列车轰隆隆声响的伴奏中,爱迪生尽情地享受着求知的乐趣。

创办周报

chuangbanzhoubao

当时,美国围绕解放黑奴问题,爆发了南北战争。

战争从 1861 年开始,持续了 4 年。爱迪生在列车上卖报这段时间,正是战争的高潮,革命的北军粉碎了南方奴隶主反动武装的进攻,在东西两线战场节节胜利。战争的进程成了举国上下关心的头号新闻,报纸十分畅销。还不满 15 岁的爱迪生看到这种情况,灵机一动,声称自己要发行一份快报,专门刊登战争消息。

大家听说以后,谁也不相信,都以为爱迪生是说着玩的。办一份报纸,多不容易啊!当时要开一家小报馆,从主编、编辑、记者直到印刷、校对和发行,起码得有二三十人才行。另外,还有经费来源和纸张供应等一系列问题要解决。爱迪生小小年纪,要单枪匹马办报纸,而且是铅印的快报,这岂不是有点异想天开吗?

不,爱迪生的想法自有道理。过了几天,他用卖报攒下的钱,买了一台旧印刷机和一套铅字,摆放在车厢的流动实验室里,"爱迪生印刷厂"就算落成了。印报的设备有了,消息来源还没有着落。他就利用到底特律图书馆的机会,抄录各地报纸上的战地报道,按战场和时间进行编辑。经过一番紧张的准备之后,爱迪生接连忙了三个通宵,他自编、自排、自校、自印的第一期快报终于问世了。时间是 1862 年 2 月 3 日,正好是爱迪生 15 岁生日前的一个星期。

这一天,只见一个笑容满面的高个儿少年,手里抱着一大卷新印出来的报纸,在车厢里高声叫卖:"快报!快报!关于战事最新进展的快报!"这张报纸是

美国南北战争

单页的，双面印刷，尺寸大小和手帕一样，每面印三个通栏，信息量很大。仅卖2分钱一份，8分钱可以订一个月。

旅客们围上来，你一张，我一张，争着购买，几百份报纸不一会儿就卖光了。报名是《先锋周报》，上面印着发行人、出版者、总编辑、记者的名字，一律都是“爱迪生”。满车的读者，谁也没有想到爱迪生就是眼前这个报童。由于爱迪生精心采访和编辑，报纸上除了战地新闻以外，还有铁路沿线各站的趣闻、行情、广告和剧目等，很受旅客欢迎。爱迪生旗开得胜，很受鼓舞，特地找了两个伙伴当助手，第二期的发行量就扩大了一倍。

有一份十分珍贵的《先锋周报》原件，现存于爱迪生家族。仔细浏览，琳琅满目的战事快报，以及铁路沿线的地方新闻，包括列车行程、本地模范人物、招聘启事、食品价格，甚至侦探破案、婴儿出生等等，应有尽有。

现将此份《先锋周报》登载的部分内容摘抄如下：

先锋周报

爱迪生编辑、出版、发行　8 美分订一个月

战报： 最近我们留意到，14 团的多诺霍要通过大干线铁路把大量男子聚集到位于伊普西兰大的据点，而且传闻他征集了比该团编制多得多的人员。如果他在前线遇到敌人时的表现像他征兵一样优秀，他就能让敌人闻风丧胆。

新闻： 卡修斯.M.克莱先生回国后将进入军队。

俄罗斯帝国的第一千个国庆节，将于 8 月在诺夫哥罗德召开庆祝会。

“让我先找到东南西北”——被粉末厂炸飞了的男子说。

上月 29 日，在大干线铁路底特律交换站的休息室里，A.利特尔的妻子产下一名女婴。

我们希望在几个星期后扩大报纸的发行量。

到时候，每个订户都会得到印着自己名字的报纸。

本地精英： 奖金——恭喜 E.L. 诺斯洛普先生获得每 6 个月颁发一次的技师奖金提名！他总是那么友

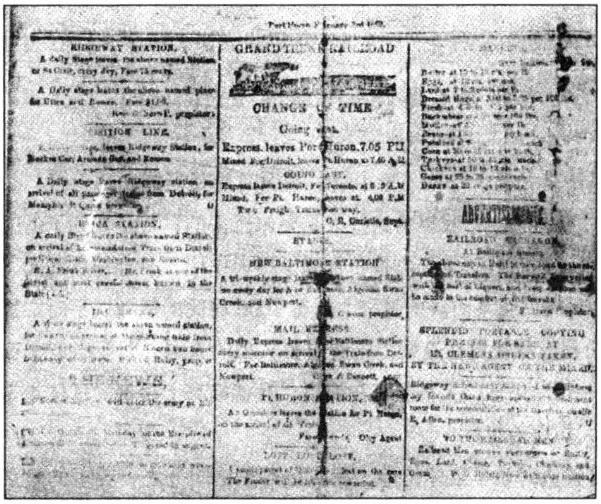
RIDGEWAY STATION.
CHANGE OF TIME

爱迪生印刷发行的《先锋周报》

好，那么热心，永远坚守岗位。据我所知，他是开车开得最稳的司机，他修理发动机只需要其他技师四分之一的时间。

能者多劳——我们发现，大干线的尤蒂卡站只有一个行李搬运工。他很忙碌。从早忙到晚，他会第一时间保证所有的地方干净，即使是大雪覆盖了站台，也会很快清扫干净。我们特地向他致敬！

列车时刻表调整：

西线——快车，离开休伦港的时间是下午7时零5分。

混合列车开往底特律，离开休伦港的时间是上午7时40分。

东线——快车，离开底特律开往多伦多的时间是上午6时15分。

混合列车开往休伦港，离开底特律的时间是下午4时。

每个方向有两列货物列车。

负责人：C.R.克里斯蒂。

市场信息：新巴尔的摩

黄油每磅10～12美分　鸡蛋每打12美分　猪油每磅7美分　带皮猪肉每100磅3～3.25美元　面粉每100磅4.50～4.75美元　马铃薯每蒲式耳30～35美分　玉米每蒲式耳30～35美分　火鸡每只50～60美分　活鸡每只10～12美分　鹅每只25～35美分　鸭子每只30美分

广告：铁路换乘站巴尔的摩站的酒店现已开始接待旅客。酒吧将提供最好的饮料，顾客的满意度将是最大的关注点(承包商是S.格雷夫斯)。

绝妙的便携刊物，在克莱门斯山发售，在混合列车上的新闻代理可接受预订。

山脊路休息室——我想通知各位，为了方便旅客的休息，我开设了一个休息室（承包商是R.艾伦）。

……

由于爱迪生的《先锋周报》内容丰富，生动有趣，很受旅客的欢迎，大家竞相购买，爱迪生因此获得了丰厚的报酬。

不论办报、卖报怎样劳累，爱迪生的实验从未中断过。他白天是出版人，晚上却成了化学家。行李车厢的一角，就是他的编辑部和实验室。

一天，前线传来了北军在新奥尔良胜利会师的捷报。那时还没有无线电广播和电话，传递消息最快的方式，是莫尔斯发明的电报。电报传到底特律，全城一片欢腾，但是火车沿线的人们还不知道。当时的报纸没有“号外”。机灵的爱迪生在征得列车长和司机的同意后，立刻在火车车厢两边，用大字刷出新奥尔良大捷的新闻，下面注明这条特别消息刊登在《先锋周报》上。结果，火车开到哪里，哪里就欢腾起来。爱迪生利用车厢发“号外”获得很大的成功，他的快报也名声远扬，销路越来越好，不但乘火车的旅客争着买，而且火车经过的每个站都有许多人等在月台上，专门来买《先锋周报》。这件事，使爱迪生深深体会到电报的优越性。他对电子技术的兴趣，比以前更强烈了。

有一天，有位贵客乘坐了爱迪生卖报的这列火车，他是英国工程师斯蒂芬孙，其父是大名鼎鼎的蒸汽机车发明家斯蒂芬孙。当爱迪生总编辑兼发行人吆喝着：“快报！快报！新鲜出炉的《先锋周报》！”边喊边走过车厢时，这位斯蒂芬孙先生出于好奇买了一份。

当他阅览了报纸上刊登的内容后，大加赞叹。

“小家伙，这报纸编得很精彩。”斯蒂芬孙说，“请问总编辑爱迪生先生在哪里？”

“在下就是爱迪生。”爱迪生微笑着回答。

“你就是爱迪生？真了不起呀！”斯蒂芬孙非常惊讶。

“恭贺你，小家伙，你这份新闻报纸和比你年长得多的那些大人物主编的报纸一样好。”他由衷地夸赞道。

“谢谢先生的夸奖！”爱迪生很高兴。

“我请你给我印一份，要1000张。”斯蒂芬孙说。

“好的，没有问题。”爱迪生喜出望外。

就在火车的流动实验室里，爱迪生一个人忙活了大半天，给斯蒂芬孙先生赶印出一期《先锋周报》特刊，整整印了1000张。这些报纸被斯蒂芬孙带回英国，发往世界各地，引起了不小的轰动。就连当时发行量最大的报纸《伦敦时报》也发来电报表示祝贺，并且引用了爱迪生刊登的报料。

少年爱迪生的总编辑名声传到了海外。照此发展下去，他很可能成为美国的无冕之王和报业大亨。

飞来横祸

feilaihenghuo

正当爱迪生春风得意、干得正欢的时候，不幸遭遇了一场大祸。

有一天，爱迪生正在行李车厢里印刷《先锋周报》，他雇的报童在车厢里吆喝着卖报。列车快开到克莱门斯山车站时，因为路轨不平，火车震动得太厉害，车上实验室有个盛放磷的瓶子从桌上滚下来摔碎了。磷本来是浸在水里的，一遇到空气，马上就燃烧起来。行李车里顿时黑烟滚滚，火苗蹿起老高。爱迪生脱下外衣，一面扑打，一面呼救。大家急忙赶来，用了几桶水才把火扑灭，行李车厢里一片狼藉。爱迪生的“编辑部”“印刷厂”和“化学实验室”全都被烧得面目全非。

列车长史蒂文森闻讯赶来，盛怒之下给了爱迪生两记耳光。爱迪生跌倒在车厢地板上，只觉得嗡的一声，右耳由于耳膜被震破再也听不到声音。真是“天有不测风云，人有旦夕祸福”。爱迪生几年的心血一下子全毁了，加上右耳聋了，他伤心到了极点。

不过，关于爱迪生耳聋的真实原因，有好几种说法。有资料说，爱迪生童年时染上猩红热，后来病虽然治好了，但听力留下了残疾。也就是说，他的听力童年时就存在障碍，加上后来的一些因素，耳朵渐渐就聋了。爱迪生晚年时曾回忆说，有一次他在月台上卖报（时间应在创办《先锋周报》之前），围着他买报的人很多。火车已经徐徐开动，他追上列车，抓住了后面的扶梯，但是爬不上去。那扶梯离地面很高，他差一点掉下去。就在这紧急关头，一个列车员情急之下抓住他的耳朵，把他提上列车。当时他只听见耳朵里出现了破裂的声响，感到耳部疼痛，后来渐渐觉得听不清微弱的声音，从此，他的耳朵就失聪了。爱迪生曾叹息道：“从 12 岁起，我就听不见鸟儿的歌唱了！”

实际上，爱迪生的耳聋有一个演变过程，而且也不是完全失聪，要不然他以后什么声音都不可能听到了。爱迪生虽然听不见鸟鸣了，但耳膜对其他声波还是有感觉的，尤其是他特别关注的声音。爱迪生曾对朋友说：“从某种意义上说，耳聋对我是有利的。我在电报局工作时，我只能听到我的工作台上的电报机的声音，其他电报机经常干扰别人，却干扰不了我。”他还说：“走在百老汇的人海里，我可以像幽居在密林深处的人那样平静。耳聋是我的福气，它使我远离了许多干扰和精神痛苦。有人开玩笑说：‘爱迪生没有神经。’其实我的神经不比别人少，而且同样灵敏，但却不受外界干扰。”对待意外的灾祸，爱迪生能够保持豁达的心态，这是很难得的。

可是灾祸并没有到此结束。列车开到克莱门斯山车站时，余怒未消的列车长史蒂文森冲进行李车厢，对着爱迪生大发雷霆。

“小子,你知道你闯的祸有多大吗?你差一点把整列火车都烧了!我早就说过要你小心一点,小心一点!”

爱迪生低着头,满脸的伤心和懊丧。

史蒂文森吼叫着,抓起架子上幸存的瓶瓶罐罐,扔出了车窗。接着,又抓起变了形的印刷机和铅字盒,扔出门外。最后,史蒂文森把爱迪生也扔出了火车。

随着一声撕裂人心的长鸣,列车冒着滚滚浓烟驶离克莱门斯山车站。世界上第一个火车流动实验室和第一份在列车上印刷的新闻报纸,就在这个倒霉事件中结束了。美国因此失去了一位传媒大亨,全世界却有幸得到一位发明大王!

跌倒在铁轨旁的爱迪生站起来,望着渐渐远去的列车,他咬着嘴唇,泪水夺眶而出。

KEXUE JUREN DE GUSHI

历尽艰难

机 缘

jiyuan

要是一个懦弱的少年,遇到这样大的挫折和打击,他的前途可能就在这里断送了。爱迪生却是那样的坚强,飞来的横祸并没有使他一蹶不振。报纸办不成了,但是实验还得继续搞下去。

在失败的痛苦中,爱迪生心里升起一线光明,那就是对电报的憧憬。在火车上办快报的经验,给这个农村孩子一个重要的启示——千里以外的消息,只要按动电键,眨眼工夫就可以传到目的地,这实在是太神奇了!他决定改弦易辙,想办法去学电报技术。当然,这只是他的一个梦想。

爱迪生灰溜溜地踏上了返回家乡的路途。

常言道:“好事不出门,坏事传千里。”他在火车上闯祸的事,早已传遍了休伦港。有人甚至添油加醋地说,他差一点把整个列车都烧光了!只有母亲了解儿子,她不相信那些流言蜚语。无论发生什么事情,她都对爱迪生深信不疑。

父亲也给儿子打气道:“阿利不会有差错!他不会发生什么事的。上帝会保佑他。”

爱迪生在回家的路上,遭到不少熟人的冷眼。小伙子的心上像压着一块石头,抬不起头来。当他快走到家门口的时候,突然看见母亲满脸的焦急和怜爱,正在门前等他,爱迪生心中的委屈和痛苦顿时烟消云散了。他回到母亲的怀抱,浑身又有了无穷的力量。

母亲重新替爱迪生开辟了实验场所。为了防止意外,新实验室设在阁楼顶上,地窖里只堆放器材和杂物。这样,万一再发生爆炸,最多只能把房顶炸掉,不会使住人的底楼和地窖受到影响。在这个新实验室里,爱迪生开始进行电学实验。他废寝忘食地研读电报原理，还似懂非懂地自学了莫尔斯电码，渴望能够成为一个电报师。

那位史蒂文森列车长，其实是个性情中人。他对上次灾祸发生时自己粗暴的态度有些后悔，后来还登门向爱迪生道了歉。

他向爱迪生解释说："孩子，我相信你当时不是有意的，但是在列车上起火是非常危险的事，火烧起来，会危及旅客的生命财产安全，所以我必须严厉处理，请你不要见怪。我欢迎你继续在列车上卖报，但是不要再带那些危险品上列车了！"

没过多久，爱迪生重新回到火车上，继续做卖报纸和糖果的生意。而流动实验室和印刷厂再也没有恢复。经过上次的劫难，爱迪生的心思和兴趣这时已转到一个新的天地，那就是电报。

也算是机缘。这年夏末的一天，爱迪生卖报的火车停在克莱门斯山车站装货。爱迪生乘机下车，捧着报纸在月台上兜售，并和旅客聊天。无意间，他看见一个金发男孩在铁道上玩石子。就在这时，一列运货的火车呼啸而来，眼看就要轧着小男孩。在这千钧一发的时刻，爱迪生扔下报纸，奋不顾身地冲上前去，抱着小男孩摔倒在铁轨旁边。火车与他擦身而过，差一点挂着他。爱迪生的脸上、身上都受了伤，那个名叫吉米的3岁男孩却得救了。

麦肯基站长

列车行李员汤姆亲眼目睹了当时的情景。他说如果爱迪生再慢一秒钟，克莱门斯山车站站长的儿子就可能被列车轧断一只脚或者葬身在车轮下，实际上火车已经碰到他的脚后跟了。

获救小男孩的父亲名叫麦肯基,是克莱门斯山车站的站长。他当时正在售票室里,忽然听见一阵惊叫,他飞奔出去,看见有人正把爱迪生和他的儿子抱上月台。两人是脸朝下摔在尖锐的石子上的,脸上伤痕累累。麦肯基站长对爱迪生感激不尽。

就在几个星期前,他亲眼看见爱迪生和他的实验室从火车上被扔下来,还挨了列车长的耳光。站长对人说:“我看见在那样的灾难中,他表现得非常勇敢和镇定,如今他又救了我儿子的性命!全铁路线各站的站长和司机都喜欢他。我一定要报答他对我儿子的救命之恩。”

麦肯基站长还没来得及说出自己的感激之情,爱迪生已经拾起地上的报纸,从容地登上卖报的列车离开了。

第二天,爱迪生乘坐的列车又开进克莱门斯山车站,麦肯基站长在站台上等候着。当爱迪生走下列车时,麦肯基迎上去,拉住了他的手。为了报答救命之恩,他问这个见义勇为的小伙子需要什么帮助。

爱迪生憨厚地说:“麦肯基先生,这点小事不用谢啦。”

“阿利,你是我儿子的救命恩人,我一定要报答你!”

爱迪生想了想,回答说:“如果不是太麻烦您,我想学电报技术。”

“这没有问题。”麦肯基一口答应,“我可以亲自教你。”

“太好啦!谢谢麦肯基先生。”对于爱迪生来说,这真是梦寐以求的事情。

第二天,爱迪生就成了麦肯基的学生。爱迪生这时 15 岁,他的人生从此揭开了新的一页。

自从莫尔斯在 1837 年发明电报以来,仅仅二十多年时间,电报已经成了当时的主要通信工具。爱迪生跟着麦肯基学习的时候,电报已经普及到村镇。莫尔斯开创的事业,已经开花结果,并且哺育出了新一代。

麦肯基首先教爱迪生学习莫尔斯电码。他告诉爱迪生,莫尔斯电码是莫尔斯在 1837 年发明的。这是电报的灵魂，它利用“点”“画”和“间隔”的不同组合(实际上就是时间长短不一的电脉冲信号)，来表示字母、数字、标点和符号，用来传递信息，简便实用。麦肯基还告诉爱迪生，如何用手指操作电报键的手柄。收发报时，发报员按时间的长短按下电键，就会产生长短不同的“点”“画”和“间隔”信号，经电路传输出去。收报端接到这种信号后，便转换成“嘀”“嗒”声，“嘀”声为“点”，“嗒”声为“画”，收报员根据声音就可以收听、抄报。

莫尔斯和他发明的电报机

麦肯基对他说：“一个优秀的电报员，必须心灵手巧。所谓‘心灵’就是要动脑子，要全神贯注；所谓‘手巧’，关键是要多练习，熟能生巧。”麦肯基的话对爱迪生有很大帮助。

莫尔斯电码纪念章

爱迪生在站长的全力教授下，进步很快。他每星期跟麦肯基先生学习 4 次，每次 8 个小时，不到 4 个月，他就熟练地掌握了收发报技术。

这一天，麦肯基告诉爱迪生：“阿利，你已是一个羽翼丰满的电报生了，可以毕业找一份工作了。”

1863年初春,16岁的爱迪生成了一个能干的电报员。当时,和爱迪生同岁的贝尔,正在搞解剖死猪一类的实验。看来,爱迪生在电学上比贝尔发蒙要早,经受的磨难更多。后来他们两个人无形中在科学上展开了一场竞赛:贝尔先发明了电话,爱迪生接着发明了留声机;爱迪生改进了贝尔的电话,贝尔接着改革了爱迪生的留声机,这是很有趣的巧合。

初次发明的厄运

chucifamingdeeyun

1863年初夏,爱迪生学会收发报技术以后,最初在休伦港铁路上当电报员,月薪25美元,虽然这远没有他在火车上卖报纸的收入高,但他很珍惜这份新工作。因为他意识到电报是一门新技术,发展前景远大。爱迪生的主要工作是每天值夜班,抄收值班电报。他干得得心应手,从来没有发生过差错。

每次下夜班以后,他只蒙头睡一会儿,就起床专心研究电报技术。他下功夫钻研电报机的原理和维修方法。爱迪生儿时喜欢打破砂锅问到底的习惯,这时有增无减,他经常问其他电报师关于技术上的问题。那些同行中有不少是收发报的高手,但他们对电报原理的了解并不比他多。

“电报的原理究竟是什么呢?”他逢人便问。

电报室里没有人能答得上来。

“你管它什么原理,谁抄报抄得快谁就是老大!”有人对他说。

一个老资格的电报师告诉他:“就像你养了一条狗,身长由底特律到纽约。如果你在底特律拉它的尾巴,它就在纽约叫。这就是电报!”

这个风趣的比喻,给爱迪生留下了很深的印象。他对那个电报师说:“这个比喻挺有趣。可我就是不明白,狗肚子里发生的究竟是一个什么过程!”

由于好动脑筋，刻苦钻研，没有多久，爱迪生的技术就超过了一般电报员。1863 年夏天，休伦港遭到洪水围困，爱迪生别出心裁地想到用火车汽笛来发电报信号。爱迪生的见义勇为，受到了全城人的称赞，许多人都以为他准会得到当局的重赏。但是，爱迪生不但没有受到嘉奖，不久之后，反而因为一项小发明被公司革了职。

爱迪生最初的发明生涯，简直是一部多灾多难的历史。

当时，电报员值夜班，事情并不多。通报的高峰都在白天，一到夜晚，电报机就沉寂了。但是电报公司有条规定，晚上每隔一小时，各站值班的电报员必须向公司总值班员拍一个"6"字信号，这是为了检查每个值班员是不是坚守岗位。爱迪生值夜班的时候，经常抽空搞自己的实验研究，每小时被打断一次，觉得很不方便。小伙子开动脑筋，做了一种与时钟相连的定时装置，每隔一小时可以自动接通电路，向总值班员拍发一个"6"字信号。

这是爱迪生一生中的第一项发明，是用了半个月时间悄悄实验成功的。有了这个灵验的定时装置，爱迪生不但能够不受打扰地搞实验，而且疲倦的时候还可以放心地打瞌睡。不料，这个未来的大发明家运气却不好，他的"自动定时发报机"刚使用不久就露了马脚。由于这个装置运行起来准确无误，每次都是在正点时刻向总值班员拍发"6"字信号，这反而引起了怀疑。因为总值班员管辖了许多条电报线，其他电报员拍发"6"字信号的时间，都比正点稍微早一分钟或者晚半分钟，不可能每次都分秒不差。

于是在一天夜里，车站的胖领班受总值班员的指示前来查岗。他悄悄走进电报室，看见爱迪生正躺在靠椅上睡觉，电报机上装着一个莫名其妙的玩意儿。胖领班低头瞄了一眼，这是一个奇怪的机件，把电报机连在一个时钟上。他心里想，这也许是个报时装置。到了整点时，铃声会响起来，值班的人被叫醒，就会向总值班员发信号。

胖领班不动声色，等着看好戏。十几分钟过去了，钟表的指针指到了整点，但是钟并没有响，爱迪生照样呼呼大睡。胖领班正在纳闷，忽然，电报机上连着的那个奇怪的机件动了起来，一个杠杆打开了电报机键，另一个杠杆开始发报！胖领班惊呆了，简直不敢相信自己的眼睛。原来是这个自动定时发报装置把总值班员骗了，怪不得爱迪生可以偷懒睡大觉！

“你这头偷懒的蠢猪！”胖领班怒不可遏，抓住爱迪生的衣领把他揪醒，大声喝道，“卷起铺盖滚回家去吧，你想睡多久就睡多久。”

就这样，胖领班不容分说就把爱迪生解雇了。可惜的是，爱迪生发明的自动定时发报机也被领班摔得稀烂。

爱迪生的第二份工作，是在加拿大的萨尼亚火车站当电报员。萨尼亚位于休伦湖的北岸，与休伦港隔湖相望，环境幽静。爱迪生的工作还是值夜班，白天的时间都由他自己支配。爱迪生很喜欢新的岗位，干得也很愉快。

可是没有多久，又有一件祸事降临。

一天晚上，爱迪生得到一条电报命令，让他留住一辆货车。爱迪生回电：“我已照办。”然后急忙跑出去找扳道工，但是他四处环顾，却没有找到扳道工。就在这时，那辆货车轰隆隆地开了过来，从车站呼啸而过。爱迪生惊慌地跑回电报室，向总调度室发报禀报。对方回报说：“糟啦！”

爱迪生的脑袋顿时轰的一声，仿佛要炸了。他后来说：“我立刻明白因为我回电说我能留住这列货车，所以总调度已命令下一站对面开来另一列车。我满脑子都是两列火车相撞的幻觉。我害怕极了……”

爱迪生撒腿就往外跑，拼命去追刚才那列货车。由于天色太黑，爱迪生不小心摔倒在一个坑里，昏了过去。

就在这时，两列火车彼此迎面开来，眼看一场撞车的惨剧就要发生。所幸的是，两个司机都很机警，他们发现了对面开来的机车车头的亮灯，紧急拉了刹车。两列火车摇摇晃晃地停住了，只差几米就要撞上了。

铁路当局组成调查组调查这次事故。爱迪生被传唤到多伦多铁路局车务总管办公室。这位车务总管是个面目可憎的人，名叫斯派塞，他负责整顿管理秩序，正好把爱迪生当作典型，杀一儆百。

“小伙子，你知道吗？你被控玩忽职守，险些造成两列火车相撞。”

“总管先生，我没有玩忽职守。”爱迪生辩解道。

“有没有玩忽职守，不是你说了算。你这次的错误非常严重。”斯派塞声色俱厉地说，“我要把你作为反面教材，我可以把你送进监狱关上五年……”

爱迪生听出斯派塞话里藏着杀机，立刻意识到大事不妙，他心中盘算着，必须尽快想办法脱身。

正在这时，有两个英国绅士走进屋来，他们是来拜会斯派塞总管的。斯派塞和两位贵宾寒暄之后开始聊天，爱迪生趁机悄悄溜了出去。他一口气跑到火车站，爬上一列开往萨尼亚的货车，逃出了虎口。当时的情景，就像当年他父亲塞缪尔·爱迪生的逃亡，同样是朝南方向，同样是危险紧张，只是路线不一样而已。

火车开到萨尼亚车站后，爱迪生不敢逗留。他跑到码头，乘上一艘萨尼亚与休伦港之间的摆渡，才平安地回到美国。

流浪电报员

liulangdianbaoyuan

爱迪生从萨尼亚逃回休伦港以后，到处寻找工作。

当时正值美国南北战争，需要许多电报员。仅在南方联军前线供职的电报员，就超过了 1500 名。爱迪生心想，战地铁路沿线的车站一定需要很多电报员。他决定离开家乡，到外面去闯荡，自己创一番事业。这时爱迪生的父亲已60岁，母亲54岁，他们虽然舍不得儿子出远门，但也知道爱迪生应该自己谋生了。

于是，17岁的爱迪生告别父母亲，离开了休伦港。起初，他在密歇根州的底特律、阿德里安等几个城市逗留了一段时间。之后，又漂泊到俄亥俄州的托莱多市，在那里住了一阵子。小伙子无忧无虑，情绪高涨。他说："当我来到托莱多时，我觉得自己好像是一个周游世界的人。"

接下来，他一路西行，来到印第安纳州的韦恩堡，在那里找到一份上白班的电报员工作。但是爱迪生已经养成了"夜猫子"的习惯，不喜欢白天值班，于是只干了两个月，他又转移到印第安纳波利斯。

到了印第安纳波利斯，爱迪生不再用儿时的小名"阿利"，从此大家都叫他"托马斯·爱迪生"。这标志着爱迪生长大成人了。

爱迪生的足迹遍布美国中西部各大州。每到一地，爱迪生都在火车站或电报公司找电报员的差事做。他成为一名见多识广、热心肠的"流浪电报员"。在那个时期，几乎所有的电报员都经历过这种浪漫、冒险的生涯。他们是一群热情澎湃的青年人，体魄健壮，喜欢冒险，爱交朋友，富有侠义心肠。爱迪生成为他们当中的一个小弟弟。大家亲昵地叫他"獾""密歇根州的机灵小子""未来的大发明家"。

从1864年至1868年的四年间，据说爱迪生一共换过10次工作，其中5次是他被免职，另外5次是他炒了老板的鱿鱼。

虽然电报员在当时很吃香，但是爱迪生在一个地方没干几个月就被老板辞退了，主要原因是他太不安分守己。雇主一向把雇员当作工具，只许循规蹈矩地替他们卖命，不准别出心裁地搞创造发明。而爱迪生不满足于做一个受人羡慕的电报员，他的理想是要当一个给人类造福的发明家。

电报快手爱迪生

爱迪生利用一切机会学习新知识、做各种实验，这在老板眼里无疑是“不务正业”，再加上他还不时地捅些娄子，结局当然很不妙。在一段不长的时间里，他曾被开除了3次。一次是他做实验的硫酸浸透地板，腐蚀了总经理室的大写字台；另一次是为了搞二重收报机实验，他擅自拆卸了公司的机器；第三次是因为顶撞了上司，他一生气就抬腿走人了。

1865年2月，爱迪生来到印第安纳州的辛辛那提，在西部联合电报公司找到了工作。由于他年轻缺乏经验，一开始仅被雇为电报员副手，又称“替补电报员”，月薪60美元。爱迪生不服气，他相信自己的收发报水平并不比任何一个同辈差。他可以毫不夸张地说：“你即使打电报像闪电那样快，对于我来说也不算太快！”在这里，爱迪生结识了一个好朋友，名叫亚当斯。爱迪生称他是“所有电报员中最聪明、最和蔼的一位”。

亚当斯非常欣赏爱迪生的才能。有一次他看了爱迪生快速抄报的表演，拍着他的肩膀说：“好小子，你就是闪电！”

没有多久，爱迪生被晋升为正式电报员，月薪增加到80美元。公司头头还允许他在地窖里搞自己的实验。爱迪生一有空就钻进地窖里，埋头研究。他那时最热衷的，就是探究在一条线路上同时传送两路电报的方法。这是当时许多电报迷追求的目标，包括后来发明电话的贝尔，也是其中的一分子。公司的地窖昏暗潮湿，经常有老鼠光顾，爱迪生不堪其扰，便用两块铁片制作了一个电子陷阱——两块铁片分别连着电池，铁片之间隔着绝缘体。当老鼠经过铁片时，前脚踩着一块铁片，后脚踩着另一块铁片，导致电流短路，老鼠马上就被电死。爱迪生把他的小发明称为“老鼠瘫痪器”。

爱迪生在辛辛那提过得很惬意，这是一段快乐的时光。每次领到薪水，他就和亚当斯去戏院看歌剧。两人最喜欢看莎士比亚的悲剧《奥赛罗》。据亚当斯说，爱迪生常常被感动得热泪盈眶。

后来，爱迪生和亚当斯分开了。亚当斯去北方发展，爱迪生却到南方去闯荡。两个好朋友挥手告别，相约后会有期。

爱迪生一路南下，来到田纳西州的孟菲斯市，轻易地在电报公司找到了工作。报到那天，爱迪生身穿一件胡桃色的衬衣、一条棕色裤子，裤腿塞在粘满尘土的高筒靴里，头戴一顶宽边帽，完全是一副西部牛仔的打扮。孟菲斯的电报员们早就听说过爱迪生的大名，知道他是辛辛那提电报局的顶尖高手。于是，大家决定和圣路易斯市举行一次电报对决比赛，让这位来自密歇根州的小伙子“露一手”。

圣路易斯市有一位金牌电报员，发报速度快若流星，绰号“电旋风”。孟菲斯市的电报员从来没人赢过他。比赛这天，爱迪生特地被安排在他那条线路上，同这位顶呱呱的快手一决高下。孟菲斯市的电报员们围在新来的爱迪生周围，电报房里被挤得水泄不通。爱迪生从容地坐在电报机前。

连机开始，对方发来报文：“伙计，请接招！”

这是打招呼，也是挑战。

爱迪生不动声色地开始收报，他在50个字后才开始记录。接着，圣路易斯市的“电旋风”加快了发报速度，接报机的机件飞速运转，直到快要“喷火”的程度。

爱迪生飞快地接报，笔下抄写出一笔笔秀美的钢板字。目睹这个情景，孟菲斯市的电报员们都惊呆了！

接下来是爱迪生发报。他坐在发报机前打过去一条报文：

“圣路易斯，来吧，忙乱一阵。”

电报房里爆发出一阵喝彩声。紧接着，爱迪生在一片喝彩声中展开了超强的火力反击。只见他的手指急风暴雨般地点击着，电报信号翻江倒海地传到圣路易斯市那边。到最后，那位“电旋风”被迫宣布认输。孟菲斯市的电报房里顿时欢声雷动，差一点把房顶掀掉。爱迪生因此获得一个光荣称号：“来自密歇根州的第一名高手电报员。”

爱迪生在孟菲斯干了一段时间，又萌生了去意。他在两个电报员的鼓动和撺掇下，决定冒险去南美洲发展。他们一行三人向南漫游，来到路易斯安那州的新奥尔良。这里已是毗邻墨西哥湾的美国最南端，只要搭上轮船，就可以漂洋过海到巴西了。

爱迪生和两个伙伴抵达新奥尔良时，那里刚发生了一场暴乱，社会秩序很差。他们问一个西班牙人，如何买去巴西的船票。

那个西班牙人问他们：“你们去南美洲做什么？”

两个伙伴说：“听说那里有许多财宝。”

西班牙人劝道：“小伙子，我劝你们还是留在美国好，这里有的是发展的机会。”

爱迪生觉得他说得有道理，于是打消了去南美洲的发财梦。他悬崖勒马，回到了辛辛那提。那两个傻小子却一意孤行，去了南美洲的韦拉克鲁斯城，后来不幸染上黄热病死了。

爱迪生又在辛辛那提干了一段时间，后来北上回到故乡。

经过四年多的历练，爱迪生成为一位技能超群的电报高手。他的电报技能娴熟，收发报速度惊人，被同行誉为“快手中的快手”。

1868 年初，爱迪生结束了漫游生涯，返回了休伦港。这时，他已是一个 21 岁的小伙子。

倒霉的投票记录机

daomeidetoupiaojiluji

回到休伦港，爱迪生在家里没待多久，就接到好朋友亚当斯的来信，邀他到波士顿去发展。亚当斯在波士顿西部联合电报公司工作。他告诉爱迪生，那里的工作条件很好。于是，爱迪生来到了波士顿。

波士顿创建于1630年，是美国马萨诸塞州的首府，也是新英格兰地区最大的城市。该市位于美国东北部大西洋沿岸，距纽约300千米，是美国最古老、最有文化内涵的城市之一。美国第一所大学哈佛大学就在这里（1636年创建）。波士顿还是美国独立战争期间一些重要事件的发生地，1775年4月，在这里曾打响了美国独立战争的第一枪。波士顿屠杀、波士顿倾茶事件，以及美国革命几个早期的战役，都发生在波士顿及其附近。

爱迪生来到波士顿这座历史名城，瞻仰了当年的许多遗迹。邦克山战役的遗址铺满残雪，一派苍茫。他站在华盛顿当年点将阅兵的老榆树下，遐想联翩，期盼着波士顿能给自己带来好运。

波士顿街景

爱迪生顾不得旅途劳顿，到达波士顿的第二天就去电报公司，希望在那里找到工作。一路上大雪纷飞，北风怒号，爱迪生却满怀希望。亚当斯在波士顿西部联合电报公司当电报师，答应给他找事做。亚当斯带着爱迪生去见总经理乔治·米利肯。总经理是个精明人，他打量了一下新来的年轻人，没有说什么，就叫爱迪生上机，抄收从纽约发来的重要新闻。

不知道是总经理事先安排的还是事出偶然，纽约的报务员恰巧是一个快速发报能手，在电报业被称为“快手”。他似乎有意和爱迪生作对，发报速度越来越快，还故意拍发一些缩写符号。亚当斯在旁边为爱迪生捏了一把汗。

但是爱迪生却不慌不忙。他在美国中西部经历了几年流浪电报员的生涯，早已练成了“超级快手”。纽约那边电报“快手”的江湖把戏，他已司空见惯。爱迪生从容地把纽约发来的电报抄完了。米利肯先生接过电文一看，笔迹工整，一字不漏，不由得露出了满意的笑容。

爱迪生技惊满座，在场的电报员们不约而同地鼓起掌来。

“小伙子，你什么时候可以上班呢？”米利肯问爱迪生。

“现在吧！”爱迪生回答。

爱迪生当场就被录用，定为二级电报员。联合电报公司的所有电报员，都成为他的好朋友。

在波士顿西部联合电报公司，爱迪生熟练的技能应付工作绰绰有余。他很珍惜时间，一有空就搞他的发明研究。他对好友亚当斯说：“亚当斯，我有许多点子在脑袋里盘旋，生命是如此短暂，我要加紧工作，把这些点子一个个变成现实！”

二级电报员的工资不高，爱迪生的经济并不宽裕。他只好勒紧裤带，省下钱来购买实验器材。为了节省房租，他和亚当斯一同住在过道上的一间小卧室里。吃饭要跑到一千米以外的小店去吃，因为那里的饭菜比较便宜。每天爱迪生只睡四五个小时，其余时间全部投入工作和实验。

有一天，爱迪生在旧书店买到一本法拉第的《电学实验研究》，如获至宝。

电学大师法拉第

爱迪生说："我的运气很好，那时候法拉第的书在书店里很难买到。当时和电学关系密切的工作并不多，不外乎电报员或者学校里做教具的电工匠。我打算把书中的所有实验都做一遍。法拉第的实验很简单，也不需要数学知识。他是一位真正的实验大师。"

《电学实验研究》是一本三卷集的大部头著作。刚翻到书的序言，爱迪生就被吸引住了。这篇序是法拉第的挚友丁铎尔写的，文笔简洁生动，高度概括了法拉第的成就和大师的博大精深：

一个登山的人，从阿尔卑斯山的高峰远眺群山，当见其分为若干明确的群体，每一群体之中，必有一高峰为之表率，周围则由略逊者环绕之。各群体的最高峰，大都有同样的高度。法拉第的发现，亦复类是。其出类拔萃的结果，决非孤立无偶的，乃是范围既广、变相又多的无数问题汇集而成的一个论点。譬如，他那电磁感应的最大发现，就有许多很重要的苦心之作环绕其周围……

法拉第的第二类研究和发现，则为电流的化学现象。在这一类研究中所得到的出类拔萃的结果，就是电化分解定律。他的第三类大发现，是光的磁化，好比瑞士的雪峰一样，又崇高又美丽，而且又是孤立于群山之中……

爱迪生一章一章地读下去，完全陶醉在法拉第的电学实验之中。每看完一章，他就照着书中的叙述进行实验。他的房间里堆满了电池堆、莱顿瓶、金属板、铜导线等原件和一些瓶瓶罐罐。爱迪生潜心学习法拉第著作的收获，为他日后成为大发明家奠定了厚实的基础。爱迪生后来曾说："一生中对我帮助最大的书，要算《电学实验研究》了。"

实验的时候常常遇到危险，爱迪生也能处乱不惊。有一次，他做电磁感应实验，不小心手握住了两个电极触了电，慌乱中又碰翻了电瓶，把硝酸溅了一脸，要不是眼睛闭得快，他很可能就成瞎子了。爱迪生急忙跑到洗脸盆那里，把脸浸入水中不停地冲洗，才减轻了疼痛。他的脸因此被烧得黑一块黄一块的，像个三花脸。过了两个星期，爱迪生才敢在街上露面，受伤的皮肤脱落后新皮肤长了出来。所幸的是，脸上没有留下疤痕。

萬有文庫
第一集一千種
王雲五 主編
法拉第電學實驗研究
(一)
法拉第 著
周昌壽 譯
商務印書館發行

《电学实验研究》中文版(收录在"万有文库")

爱迪生一边做法拉第的电学实验，增长电学知识，提高实验技能，一边还坚持搞自己的创新发明。1868 年秋，经过一夏天废寝忘食的工作，爱迪生试制成功了一台电子投票记录机，并且在当年 10 月 11 日获得美国专利，专利号为

爱迪生发明的电子投票记录机

90646 号。

这是爱迪生平生第一次获得专利，他喜悦的心情是可以想象的。

爱迪生搞这个发明的灵感，来自一篇报道。有一次爱迪生在报纸上看到一条消息，说的是华盛顿美国众议院在表决时，出现了戏剧性的混乱场面。议员们因为投票失误大打出手，上演了一场全武行动，结果三名议员头上挂彩，一名议员当场昏倒。爱迪生灵机一动，心里盘算着：如果设计出一台自动投票记录机，投票时每个议员只需按一下桌上的开关，计数器自动记录下来，就能避免差错。他想这样一来议员们一定会皆大欢喜的。

根据这个思路，爱迪生反复琢磨，没有多久就设计出电子投票记录机的图纸。机器的设计原理并不复杂。只要将电子投票记录机安放在书记员的桌上，然后再用导线连接到每个议员桌上的开关。投票时，议员向左扳动开关表示赞成，向右扳动开关表示反对。书记员桌上的记录机就能准确无误地记下每个议员投的票，并能将记录永远保存。

为了制造这台机器，几个月来爱迪生不但花掉了全部工资，而且还向同事借了 100 美元。一天，爱迪生抱着他的电子投票记录机，像当年的莫尔斯一样满怀希望地来到华盛顿，请求议会采用他的发明。

议会主席是个大胡子绅士，他在大厅里接待了青年发明家。爱迪生从箱子里小心翼翼地取出他发明的宝贝，放在主席的面前。几个议员也围上来观看。

爱迪生兴致勃勃地说明,用这种自动机器,议员们只要按按电钮,就可以把议会表决的票数统计出来。

他满以为议会主席会很感兴趣,甚至会开出一个可观的价钱。

但他没有料到,大胡子绅士听完介绍以后竟嘲笑地说:“小伙子,要说世界上有什么发明是我们最不欢迎的,那就是你发明的这个玩意儿! 你可知道,为了阻止不喜欢的议案,少数人最好的武器就是软磨硬抗、找借口,在最后一刻投反对票阻挠这个议案通过。可是你的这个玩意儿,一下子就把票数算出来了,谁会喜欢啊! ”

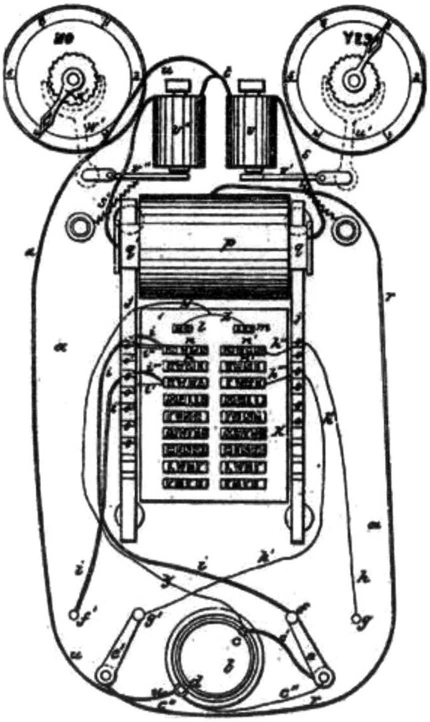

电子投票记录机的设计图

议会主席的一席话,宣布了爱迪生这项发明的死刑。

原来,西方议会的表决,常常是一场政治马拉松赛。拖延时间、泡蘑菇、讨价还价,是议员们的家常便饭。事实上,直到一百多年以后科学发展的今天,西方许多国家的议会还是不用机器表决。所以,那位议会主席说的倒是实话。

爱迪生听了以后才明白,他的发明注定是堆废物,因为议会根本用不着它。爱迪生碰了壁,悟出一个道理,他暗暗发誓:“再也不花精力去发明对大众没用的东西了! ”

KEXUE JUREN DE GUSHI

一鸣惊人

初到纽约

chudaoniuyue

爱迪生回到波士顿，决定另起炉灶，搞些有实用价值的发明。

爱迪生是电报员出身，当然首先就想到改革电报机。在搞电子投票记录机以前，爱迪生就打算发明一种可以同时在一条线路上发两路电报的机器，他把这个机器叫作二重发报机(贝尔称它为“谐波电报”)。因为这项实验太耗费资金，他没有力量继续下去，才转而去搞那台倒霉的投票机。现在投票机没有人用，他决定再次对二重发报机进行实验。

亚当斯很支持爱迪生的设想，他鼓励爱迪生说：“你这个发明要能成功的话，等于是铁路线上铺上了双轨，一条线路变成了两条线路。”

爱迪生四处奔走，借到 800 美元，全力以赴地研究起二重发报机来。他为了集中精力搞研究，断然辞去了公司电报员的职务，很有点破釜沉舟的劲头。小伙子每天把自己反锁在屋里，一心搞实验，有时甚至一个星期都不出门，饿了就啃几块面包，喝点清水。

亚当斯好些天没有见爱迪生露面，有些纳闷。一天，他敲开了爱迪生的房门，只见这个职业发明家满脸油黑，正在费劲地装配一台古怪的机器，屋子里乱得像个鸡窝。看样子，实验进行得并不顺利。亚当斯很同情处在逆境中的朋友，关切地问道：“有成功的希望吗？”

爱迪生苦笑了一下说：“暂时还没有。不过，要是不成功，我就决不出这个房门！”

“你何必这样自讨苦吃呢？”亚当斯同情地说。

爱迪生执拗地回答：“亚当斯，我一定要发明出给人类造福的东西。我认为，一个人在短暂的一生中，最好的贡献就是造福大众。”

听到爱迪生的这番豪言壮语，亚当斯很受感动。他预感到这个朋友虽然处在困境中，但前途却是不可限量的。不久，爱迪生把借来的钱全都花光了，二重发报机还是没有制造成功。实验不得不停止了。年轻的发明家债务累累，处境十分艰难。他的所有图书、仪器和值钱的衣物，都被债主当作抵押品扣留了，全部家当只剩下一堆破铜烂铁。他不但吃饭成了问题，而且随时都有被债权人控告的危险。爱迪生到了山穷水尽的地步，亚当斯当机立断，叫他出走。

经过一番秘密的准备，1869 年夏天的一个拂晓，爱迪生偷偷地乘上一艘汽船离开了波士顿，送行的只有亚当斯一个人。在晨雾笼罩的码头，他们依依不舍地告别。亚当斯在分手的时候告诉爱迪生，最好到纽约去，因为那里是全国的电报中心，他一定会有所作为。

就这样，爱迪生沿着一个半世纪以前富兰克林逃难的路线，流落到了纽约。

爱迪生登上纽约码头时，身无分文。他兜里的最后 1 美元已经在波士顿用来买船票了。这时候，爱迪生的第一个念头就是如何想办法吃顿早饭。他在经过一家茶叶店时，看见老板正在品尝几种茶叶的味道。

爱迪生走上前，彬彬有礼地说：“先生，我能不能喝一口茶？”

“当然可以，你请尝。”老板递给爱迪生一个盛满热茶的杯子。

爱迪生接过来一饮而尽，只觉得一股暖流传遍全身。至于茶是什么味道，他并没有品出来。

“嗯，这茶很香。”他得体地说。

“这是从锡兰运来的上等茶叶。”老板得意地说道。

“怪不得。”爱迪生附和了一句。

“年轻人，要不要再来一杯？”

“谢谢，不啰。”爱迪生很绅士地答道。

小伙子谢过茶店老板，兴冲冲地走在纽约大街上。他到纽约的第一顿早餐就这样解决了。虽然是以茶代饭，有点清淡，但还有些浪漫情调。纽约人的热情大方，也给他留下了好印象。

接下来，爱迪生到各个电报局去打听有没有熟人。这些纽约电报同行都是在通报时结识的，彼此并没有见过面。傍晚时分，他终于找到一个热心的电报员。这个人记得爱迪生的名字，只是他已辞职不在电报局工作了。他能帮上的忙，就是借给爱迪生 1 美元。这 1 美元成了爱迪生的“救命钱”，他必须支持到找到工作的时候。

这天晚上，爱迪生在一家点煤油灯的饭馆里吃了顿晚饭。后来，他发现这是一家有名的连锁店，叫“史密斯－梅尔内咖啡馆”。店里卖的苹果派和咖啡、茶味道很好，只要 1 角钱。爱迪生大饱口福，感觉一生中从来没有吃过这么美味的东西。

夜幕降临，爱迪生在大街上徘徊。他望着广场上刺眼的弧光灯，不觉出了神。年轻人心中怀有许多发明的理想，纽约对他会怎么样呢？

这时候，爱迪生想起一个人，就是他初到波士顿电报公司时，纽约这边给他出难题的那个电报员，他记得这个电报快手名叫布尔斯特。经过一番周折，爱迪生在一家印刷厂的电报房找到了布尔斯特，他正在电报机旁发电报。

布尔斯特是个寡言的人，面孔瘦削，留一头披肩长发。他听了爱迪生诉说来纽约找工作的事，用手捋了捋头发淡淡地说：“好办，看招聘广告。”也许他对当初爱迪生击败自己还耿耿于怀，或许是性格使然。

爱迪生问他，能不能帮忙找一个免费睡觉的地方。

“好办，去找波普。”布尔斯特回答说。

波普是布尔斯特的朋友，在华尔街一家黄金行情信息公司工作，是个青年电器技师。爱迪生按照布尔斯特提供的地址,连夜找到波普。波普是个热心人,长着一张娃娃脸,性格爽朗。经他向值班主管说情,爱迪生被允许暂时在电池房里过夜。爱迪生总算不用露宿街头了。

黄金行情信息公司的业务很活跃。当时,纽约不但是美国的电报中心,也是著名的金融中心。黄金投机买卖特别流行,金价忽涨忽落,牵动着全国富商和老板的心。金融市场的变幻无常,在美国著名作家德莱塞的《金融家》这本书里有过生动的描绘。黄金行情信息公司通过电报,专门向客户提供黄金报价即时服务,收费很高,得利丰厚。

一个来自密歇根州的流浪小子，栖身在纽约黄金行情信息公司的电池房里,不禁浮想联翩。爱迪生似乎意识到,自己离变幻莫测的黄金如此接近。

他想这也许是上帝的安排!

22岁的总技师

22suidezongjishi

黄金行情信息公司的总经理名叫S.劳斯博士,是个眼光独到的黄金交易商,兼任黄金交易所副所长。

纽约证券交易所的股票和金价信息瞬息万变，从前都是由送信男童跑步送到几百家华尔街经理人的办公室里。几年前劳斯博士想出一个主意，就是用电报传送金价信息。他研制了一种电动报价机,可以通过电报的方式向客户传送即时的金价,既方便又快捷,很受客户欢迎。于是劳斯博士成立了黄金行情信息公司,专门经营黄金报价业务,生意非常好,劳斯总经理因此发了大财。

就在爱迪生栖身黄金行情信息公司电池房的第二天，一个意外的机会从天而降。囊空如洗的爱迪生时来运转,凭着一身过硬的技术,从一个流浪电报员一跃而成为大公司的总技师。

这回算是爱迪生走运。上午 9 时许,他走出电池房,准备去华尔街继续找工作。经过电报室时,爱迪生隐约听到电报机发出一种不正常的声音,嘎吱嘎吱的,有点刺耳。值班的电报员没有留意,但是熟悉电报机的爱迪生听见这种怪声,知道机器马上要出故障,他下意识地停住了脚步。

果然不出两分钟,忽然一声怪响,发报机停止了工作。顿时,黄金行情信息公司各个办公室都传出一片惊呼声。这时正是行情紧急的时候,所有的黄金报价机都忽然"罢工"了。一时间,不仅黄金交易所大厅里人声鼎沸,一片混乱,华尔街 300 多家接收金价信息的经理办公室也乱成了一锅粥。因为经理们是靠行情做交易的,金价变化莫测,错过哪怕一秒钟也可能赔本,甚至倾家荡产。

据说,当时华尔街每家经理人都派了一个送信男童,在 3 分钟内有 300 多

纽约证券交易所的交易场景

个信童跑到黄金行情信息公司楼上，大声报告他们老板收不到黄金报价了。那慌乱的情景，仿佛是报告世界末日到了。

总经理劳斯博士跑进电报室，看见电报机出了故障，脸色一下就变了。他非常清楚，这时正是黄金交易的高峰期，情况十万火急。金价的涨落影响全国的行情，即便是中断一次通报，后果也是不堪设想的，轻则会使雇主转赢为亏，重则会造成雇主上百万财产的损失。信息公司不但要承担巨额经济赔偿，而且还有倒闭的危险。

劳斯博士站在电报机旁，脸色惨白。公司的命运全在这电报机的一响一停上！他环视四周，声色俱厉地问："究竟出了什么问题？"

站在旁边的电报员和总管呆若木鸡，脸上的表情一筹莫展。劳斯博士瞥见一个陌生的年轻人站在电报机旁，正注视着电报机。他正想问怎么外人跑到电报室里来了，忽然这个年轻人自告奋勇地说："也许我能修理这台机器的毛病。"

总经理并不知道他叫爱迪生，也不了解这个年轻人的技术水平，但是无奈之下也只好让他试一试了。

于是总经理问爱迪生："先生，你能马上修好它吗？"

爱迪生毫不迟疑地回答说："能。"

"现在离下次通报时间只有 10 分钟了，你能够在 10 分钟里修好吗？"总经理脸上露出焦急的神色。

爱迪生回答说："估计可以。"

总经理仿佛遇到了救命恩人似的，也顾不得身份，一把拉住爱迪生说："公司的存亡，全靠您了！"

爱迪生脱下外衣，卷起袖子，不慌不忙地拆开电报机开始检修。他从 16 岁起就同电报机打交道，对电报机的结构和原理了如指掌，即使让他蒙上两只眼睛去拆卸装配，他也不会出一丝差错，何况只是排除一个普通的停机故障。总经理紧张地看着手表，一分钟、两分钟、三分钟、四分钟……当分针刚过八分钟的时候，电报机就恢复了正常的响声。总经理几乎不敢相信自己的耳朵，他又惊又喜，紧紧握住爱迪生的手直道谢。转瞬之间，黄金行情信息公司又恢复了正常秩序。

第二天，劳斯博士派人请爱迪生到办公室来。

“小伙子，昨天多亏了你，让我的公司避免了重大损失。”劳斯博士说。

“没有什么，我只是找出一个小毛病而已。”爱迪生实话实说。

“嘿嘿，这个‘小毛病’差一点把天都捅破啦！”说起昨天的惊险，劳斯博士还心有余悸。

爱迪生笑而不语。

“小伙子，你在哪里高就？”

“我从波士顿来，刚到纽约三天。”

“那你还没有应聘其他公司吧？”劳斯博士急切地问。

“没有。”爱迪生回答。

“你愿意来黄金行情信息公司工作吗？”劳斯博士又问。

这是爱迪生求之不得的。他脱口而出问道：“我来做什么呢？”

“你来做公司的总技师，负责监管全部机件，每月的薪金是300美元。”劳斯博士回答道。

爱迪生听到这话，兴奋得几乎要跳起踢踏舞。他从来没有担任过这么重要的职务，也没有得到过这么高的报酬！

“我很乐意为总经理效劳。”爱迪生说。

就这样，22岁的爱迪生被聘任为黄金行情信息公司的总技师，月薪300美元。他凭着一手过硬的本领，到纽约才三天就找到了工作，获得了全公司的敬佩。几年来，爱迪生受尽了折磨，这次转机是他发明道路上的一个新起点。从这里起步，他继承了莫尔斯开创的电报事业，并且发扬光大。

后来的发展证明了，爱迪生首先是一个出类拔萃的技师，然后才成为伟大的发明家。

波普－爱迪生公司

bopu-aidishenggongsi

22岁的爱迪生当上了总技师，工资优厚，日常事务又少，每天有充裕的时间可以自由支配。他念念不忘在波士顿的宿愿。现在有了钱，也有了时间，他又搞起了二重发报机。波普成了他的好朋友，两人经常在一起切磋技术。

生活总是这样，一个人在不得志的时候，常常是祸不单行；但是，只要意志坚定，勇敢向前，崇高的理想就一定会实现。

爱迪生正是因为具有坚定、勇敢的精神，才迎来了事业上一个好的转折。他的实验进展得十分顺利，不到两个月，二重发报机就试制成功了。这台新式电报机能够加倍地传递信息，很有实用价值，爱迪生顺利地取得了专利。

勇于创业的爱迪生

没有多久，黄金行情信息公司被西部联合电报公司合并，爱迪生辞去了总技师的工作。这时，爱迪生已经是百老汇的一个知名人物。为了进一步发展自己的事业，爱迪生和波普合伙开办了一家电器制造公司，全名为“电器工程师波普－爱迪生公司”，简称“波普－爱迪生合伙人公司”。这是美国第一家电器工程公司。在当时，“电器”还是一个时尚名词。这时,爱迪生来到纽约才4个月。

1869年10月1日,爱迪生在《电报杂志》上刊登了一则广告:

前所未有的新型企业

举世无双的独特创举

波普—爱迪生合伙人公司

承接各种科学仪器制作

专营各项电气工程业务

代客研究实验　提供技术资料

设计新颖　交货及时

地址:纽约百老汇大街78—80号48室

爱迪生动员《电报杂志》的发行人阿什利也加入了公司,所以爱迪生打的广告也分文未花。

波普—爱迪生公司开业后,生意十分兴隆。爱迪生专管发明制造,波普负责经营推销业务。他们在新泽西州的一个小工厂里设了一间发明实验室。波普的家在新泽西州伊丽莎白市。为了方便一起工作,爱迪生租住在波普家里。

每天早晨,爱迪生6时起床,吃完早餐后7时和波普一道赶火车到纽约。两人在百老汇交易所大楼的公司办公室里联系业务或接待客户,工作到下午6时,然后,他俩搭乘火车从纽约返回新泽西州。通常是波普径直回伊丽莎白市家里,爱迪生中途下车到那间发明实验室,埋头进行发明的构想和实验。直到次日凌晨1时,他再乘夜班火车到伊丽莎白站,步行1000米回到波普家的住所。爱迪生每天只睡4个小时,1869年冬季他都是这样度过的。爱迪生后来回忆说:"在伊丽莎白步行回住所的路上,我几乎快冻僵了!"

功夫不负有心人。爱迪生的发明研究，很快就出了成果。不到三个月时间，他就研制成功了“金价印表机”。这台机器不仅能够用电报向客户即时传送金价，还能把金价打印出来。机器完全自动运行，不需人照看。

西部联合电报公司听到消息后，买了爱迪生的这项发明。爱迪生将这笔钱和波普平分，然后解散了波普－爱迪生合伙人公司。因为公司占用了他太多的时间，爱迪生想集中精力搞自己的发明。波普很理解他的想法，于是两人友好地分了手。阿什利也得到了应有的分红。

接下来，爱迪生发明了一台性能更好的股票印表机，取名为“爱迪生万能股票打印机”。所谓“万能”，就是“通用”的意思，股价、金价均能自动打印。这台机器还有一个最大的优点，就是一旦出现故障或者死机时，只要人工输入一个“不拥塞”的电信号，便可以恢复正常运转。

爱迪生在《电报杂志》上发布消息，宣传即将问世的新产品。他完全沉浸在新发明的喜悦中。

这天，财神终于来敲他的门了。

四万美元

siwanmeiyuan

西部联合电报公司给爱迪生寄来一张请帖，约他到那里去商量要事。

爱迪生不明底细，忐忑不安地去了。这家电报公司实力雄厚，前不久刚买下爱迪生的金价印表机。是不是这项发明出了什么问题？

爱迪生走到西部联合电报公司大楼门口，被公司秘书满脸堆笑地迎了进去。“欢迎！爱迪生先生，总经理正在办公室等您。”

爱迪生受宠若惊，跟着秘书走进总经理办公室。一位留着络腮胡的绅士坐在大班台后面，他就是西部联合电报公司的总经理马歇尔·莱弗茨。

随后，在总经理办公室里进行了一场富有戏剧性的谈话。这次谈话，改变了爱迪生一生的命运。

原来，西部联合电报公司的总经理对爱迪生情有独钟，又看中了爱迪生刚发明的万能股票打印机，他想买下这项发明的专利权。总经理是个胖老头，对人比较和气。爱迪生已经想好了几项其他新发明，很乐意出让这项专利。他明白了对方的用意以后，稍微考虑了一下就答应了。

谈判进行得差不多了，总经理问爱迪生要多少钱。

爱迪生本来想要5000美元，但是他犹豫了一下，没有说出口。照他的想法，发明这个自动打印机确实花费了不少心血，但是他担心5000美元的要价高了，于是谨慎地说："请总经理先生说个价钱吧！"

"四万元，您觉得怎么样？"莱弗茨试探地问。

爱迪生听了以后几乎惊呆了，他兴奋得简直不敢相信自己的耳朵，双膝颤抖，过了一会儿才回答说："这是个公道的价钱。"

爱迪生晚年回忆这段经历时，还清楚地记得当时的情景："当时听到这个数目，我差一点昏厥过去。我担心总经理会听见我的心跳。我尽量抑制着自己的情绪，表示这个价钱是公道的。"

"咱们成交。"莱弗茨说，"合同书我会尽快拟好，三天后你再来签字，到时候我付钱给你。"

三天后，爱迪生走进总经理办公室，莱弗茨将合同书递给他。爱迪生看也没看，就签上了自己的名字。

莱弗茨拉开抽屉，拿出一张四万美元的支票递给爱迪生。这是爱迪生有生以来收到的第一张支票。他从西部联合电报公司出来，心里还半信半疑：真是四万元吗？他连做梦也没有想到会是这么多钱，以后搞发明再也不用为经费发愁啦！

爱迪生手里拿着那张莱弗茨签名的花花绿绿的“纸条”，穿过街道，走进银行。他在大厅里东张西望了一会儿，走到一个取款窗口，把支票递进去。职员接过支票看了看，又瞄了一眼爱迪生，嘴唇好像动了动，然后把支票退给了他。

爱迪生心头顿时凉了半截，莫非是莱弗茨骗了自己！看那老头的认真劲儿，不至于吧？

他急忙返回莱弗茨的办公室，告诉总经理自己在银行的遭遇。

莱弗茨听罢，不禁哈哈大笑。

“所有的问题都在这里，”莱弗茨翻到支票的背面，对爱迪生解释说，“你必须在支票的背面复签，支票才能生效。也许银行职员对你说了，但你耳背没有听见。”

“原来是这样。”爱迪生如梦初醒。

“这样吧，我叫秘书陪你去一趟银行。”莱弗茨说。

于是，爱迪生在总经理秘书的陪同下再次来到银行。

那个职员看见爱迪生和莱弗茨的秘书一起来了，脸上露出了惊讶的神情。刚才他看见这个衣衫不整的青年拿着数额如此巨大的支票来提款，心里就有点怀疑，但是看见支票上莱弗茨的签字是真的。他当时对爱迪生说背面需要复签，但奇怪的是，小伙子拿起支票就急忙走了。

莱弗茨的秘书对银行职员作了解释，并向他介绍爱迪生说：“这是一位年轻有为的发明家。莱弗茨总经理很欣赏他。”

爱迪生傻乎乎地向银行职员点点头，表示致意。此刻，他心里只关心如数拿到那四万美元，其余的都变得不重要。

那个职员是个幽默的家伙，他决定让这个走红运的青年发明家再出一次洋相。他朝爱迪生微微颔首，嘴角露出狡黠的微笑，然后，全部用小额钞票支付爱迪生的四万美金。每一捆钞票都用纸带拦腰捆扎，总共摆了一大堆，足有30厘米高。

爱迪生望着面前“堆积如山”的钞票，表情如痴如醉。莱弗茨的秘书明知这个职员在戏弄爱迪生，也忍俊不禁。

爱迪生神情庄重地往衣兜里装钱，全身上下的衣兜都一个个鼓凸起来。他当时感觉自己变成了一个“带腿的银行”。在返回住处的路上，爱迪生发觉所有行人的目光都向自己投来。他很担心警察来捉他，以为他抢了银行呢。

他好不容易平安地回到新泽西州纽瓦克的住处。一进屋，他就反锁了门，静静地守着那堆钱，晚上睡觉都枕在脑袋下面。

第二天早晨，莱弗茨的办公室又出现了一个喜剧场面。只见衣兜鼓凸的爱迪生走进来，问莱弗茨这些钱应该怎么办。西部联合电报公司的人都被他逗乐了！

莱弗茨告诉爱迪生，他可以在银行开一个账户，把这些钱存在账户上。

“谢谢总经理的指导！”爱迪生茅塞顿开。

一位年仅22岁的年轻电报员流浪到纽约，仅仅几个月的时间，靠着自己的超群技能和辛勤劳动，从求人一杯茶充饥跨越到经济完全独立。爱迪生终于从五年的漂泊生涯和拼搏奋斗中走出来，他现在足以能扭转乾坤了。

KEXUE JUREN DE GUSHI

“发明工厂”

纽瓦克工厂

niuwakegongchang

在爱迪生的一生中，他曾多次表示："钱财算不了什么，但它是达到目的的工具。"爱迪生所追求的目的，就是通过深入的实验研究，让自己的发明成果投入市场，造福社会。四万美元的意外收入，使他的梦想成真。

爱迪生用这一大笔钱，在新泽西州纽瓦克市建立了一座工厂，专门生产电器设备，厂址设在沃德街 10 —12 号。那位莱弗茨总经理很看好爱迪生，给了他不少帮助。西部联合电报公司财力雄厚，成为爱迪生工厂的最大客户，订购了 1200 台万能股票打印机，订单总价 7.8 万美元。对爱迪生来说，这是一笔很大的订单。其他公司也纷纷前来订货。起初工厂只雇了 18 名工人，但爱迪生很快就感到人手不够。为了按期交货，爱迪生不断增加工人，并且将工人分成两班倒，他自己则做昼夜两班的工头。没有多久，纽瓦克工厂的规模就发展到 150 名员工。

爱迪生写信给休伦港的父母亲，报告自己的近况。向父母问安之后，爱迪生告诉二老，自己再也不是四处漂泊的流浪电报员了。

爱迪生在纽瓦克的工厂

"我在纽瓦克开了一家工厂，当上了

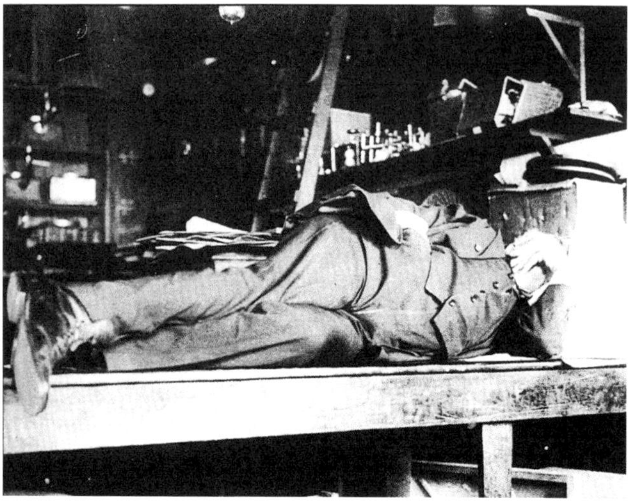
爱迪生在实验室枕书而眠(摄于晚年)

老板。我正为西部联合电报公司生产由我发明的万能股票打印机，其他公司也争着来订货，忙得不亦乐乎。等有空闲,我一定回家看望你们。父亲上了年纪，请不要太操劳了。母亲也要多保重。我每个月会寄钱回家,请放心。”

父亲塞缪尔回信说,看见他的成长,家里人感到非常欣慰。母亲南希高兴得一夜没有合眼,不停地念叨着:“咱们的阿利真的出息了！”父亲嘱咐爱迪生注意劳逸结合,不要太劳累。

爱迪生是工厂的领导者和组织者,他既是老板兼工头,又亲自担任电气总工程师。爱迪生是一个工作狂。他几乎不知道休息,经常每天只睡 4 个小时,困了就躺在案头上睡一会儿。这个习惯他后来保持了 60 多年。别人睡觉的时间他都用来搞发明了,难怪他会成为世界发明大王。

工人们在爱迪生的带动下,对工作也充满激情。他们不认为自己是为爱迪生干活,而是和爱迪生“一起”干活。在爱迪生以身作则的带领下,工人们夜以继日地工作。工厂的生产效率很高,每天可以制造出 45 台万能股票打印机。爱迪生和大家相处得很融洽,他给工人们的报酬也比其他工厂高出许多。工人们加班加点干得很辛苦,但很快乐。加上爱迪生年轻,充满活力,技术又高超,工人们都很敬佩他,尊称他为“老人家”。大家都相信这个年轻的发明家脑子里蕴藏着超人的智慧和神奇的灵感，随时会迸发出惊人的发明来。他们很乐意在爱迪生手下干活，因为每一项发明里都有他们的一份功劳。

有一次，爱迪生接了一份3万美元的加急订单，要生产一批通信机。为了按期交货，爱迪生把装配工集中在车间里，连续加班干了60个小时。爱迪生亲自督战，自己一分钟也不休息。他不停地巡视车间，解决装配中出现的问题，并给大家鼓劲。肚子饿了，他就和大家一样啃几口面包。据说为了避免工人家属前来打扰，动摇军心，爱迪生特地下令锁上工厂大门。结果，那些老婆们围在工厂门前又哭又喊，喧闹如戏。有的贤妻，做好了三明治和牛排，想从窗户送进车间给老公充饥。爱迪生毫不心软。直到这批订单完成，才把工厂的大门打开。加班的男人们涌出来，和等候在厂门外的家人竞相拥抱，那情景就像是世界大战的劫后重逢。爱迪生对大伙儿说："回去好好睡一觉，睡醒之后，如果觉得这里工作太累，那就不必回来了。"可是，在24小时之内，那些加班的好汉们全部回到工厂。爱迪生实行的是计件工资制，多劳多得。工人们虽然工作辛苦，但报酬也多，他们都愿意在他的麾下干活。

爱迪生的手下除了大批熟练的技术工人，还有不少从各地请来的技术精英，诸如英国电器工程师巴彻勒、德国技师柏格曼、瑞士钟表匠克罗西，以及无所不能的机械师奥托等优秀人才。据称"这是一群头脑灵活、富于创造的人们，他们几乎可以制造出爱迪生幻想中的任何机器"。

爱迪生把厂房的一个角落开辟为实验室，他在那里独自做实验、搞发明。比起当年休伦港家里的地窖实验室，还有那个哐啷哐啷的火车流动实验室，如今这个实验室的规模和装备，自然是不可同日而语的。爱迪生终于有了一个专业的实验室，可以真刀真枪地搞发明研究了。

据爱迪生手下的工人说，爱迪生的办公桌摆放在车间的墙角，每当他完成一项发明时总要立即站起来，开始跳一种类似非洲大陆班图人跳的那种原始

爱迪生发明的自动电报记录机

舞，以表达他完成发明的喜悦心情，嘴里还戏谑地咒骂着：“我真傻！这么简单的办法，为什么当初就没有想到呢。”这似乎已成为一种信号，工人们一看到他跳舞便会围过来，接受这位老板的明确指示，先是绘图，接下来就是制造。

爱迪生是一位杰出的发明家，但他对理财却不在行。建厂之初，爱迪生没有请会计，也没有记账本。他把所有的账单都挂在两个钩子上，一边的钩子上挂别人欠他的票据，另一边的钩子上挂他欠别人的票据。到了该付账的时间，如果他手头有钱，就按期支付；如果没有钱，就写一张定期债票。爱迪生不断地扩大生产规模，对工人的工资从不拖欠，由于开销大，工厂的利润很少。据说他到期不能付清债票是常有的事。

后来，在银行朋友的建议下，爱迪生雇了一个会计。这个会计用了一个多月时间查清了老板挂在两个钩子上的账单，报告说公司赚了3000美元。

爱迪生很高兴，请几个老伙计吃了一顿晚饭。

过了两天，会计又报告说，有两张欠单漏算了，实际上爱迪生赔了500美元。爱迪生皱了皱眉头，没有说什么。

又过了一个星期，那个会计从其他地方又找到一些单据，最后宣布：“公司赚了7000多美元。”

爱迪生大喜道：“我总算赚到了实利。这给我上了很好的一堂课。我知道了以后工厂要制订收支计划，收多少支多少，心中必须有数。”

随着纽瓦克工厂的建立和发展，爱迪生成为美国东部迅速崛起的工商界知名人物。他在给父亲的信里幽默地写道:“我现在成了民主党人说的‘大腹便便的东方企业家’了。”

另外,纽瓦克工厂的收入,让爱迪生也还清了在波士顿欠的债。他的发明生涯历尽千辛万苦,从这时开始进入全盛时期。从 1870 年建立纽瓦克工厂到 1876 年这六年间,爱迪生总共申请了 122 项发明专利,平均不到一个月就有一项发明。

华盛顿专利局的官员每次谈到爱迪生时都说:“从新泽西州来的那个年轻人,他的鞋底都快把专利局的地板踩热了!”

几年间,爱迪生经常睡在实验室里,很少回家,废寝忘食地工作着。

爱迪生在电信领域崭露头角,大显身手。他这个时期的主要发明,包括二重电报机、四重电报机、自动电报记录机、改良打字机,以及石蜡纸、火警预报器、自动电器笔等。其中最重要的,是爱迪生对莫尔斯电报机的不断改进。他的自动电报记录机每分钟能够发 3000 个字,打字机把字母直接打印在纸上,大大提高了收发报速度,比手抄报文方便得多,是电报通信终端一项比较大的改革。

电报业界评价说:在美国电报界发展最快的时期,大多数的改进都是由爱迪生的发明工厂完成的,诸如上面提到的二重电报机、四重电报机、六重和多重电报机、自动电报记录机等,使电报的传送速度和距离大为增加。以前的电报机,通常每分钟只能收发 50 个字。由于爱迪生的这些发明,使纽约到费城实现了每分钟收发报 1000 字,纽约到华盛顿每分钟收发报 3500 字。他至少给美国电报公司节省了上千万美元的电报线建设费。

爱迪生在美国权威的科学杂志《美国科学人》上撰文说:“我的四重电报系统中,每一英里电线都相当于以前的 4 英里电线的功用。使用这种四重电报系统,就等于省去了价值 1080 万美元的 21.6 英里长的线路,而且这些省去的线路无须进行检修。假如按以往每年每英里 4 万美元的检修费计算,每年大约节省检修费 86.4 万美元。此外，还省去了借贷 1080 万美元建造基金所要偿付的利息。”

亲 人
qinren

1871 年 4 月 9 日，爱迪生的母亲与世长辞，享年 61 岁。

在此前一天，爱迪生接到“母亲病危”的电报，连夜赶回休伦港。虚弱的母亲躺在病榻上，面容消瘦，神情安详，头发已经全白了。

“是我，妈妈，我是阿利啊！”爱迪生握住母亲的手，潸然泪下。

“啊，阿利，是你回来啦？”母亲睁开眼睛，看见已成为发明家的儿子归来，感到莫大的欣慰。

“阿利，你终于成功了。妈妈为你感到骄傲！”

“妈妈，你一定要好起来，我的事业才刚开始呢！”

母亲轻轻地摇了摇头，怜爱地说：“阿利，我快要走了，以后的路要靠你自己去闯了。妈妈在天堂里为你祝福……”

爱迪生泪如雨下。母亲是他一生中最重要的亲人，对他的影响至深。小时候，母亲既是他的启蒙老师，又是他的避风港和庇护神，她相信自己的儿子能够成就一番伟业。如今自己的发明事业如日中天，可是母亲却看不见了。

第二天，母亲去世。全家人沉浸在悲痛中。爱迪生在回忆录里沉痛地写道：“最支持我的那个人去了！”

爱迪生和家人把母亲安葬在靠近湖畔的山冈上，从那里可以眺望休伦湖。

爱迪生回到纽瓦克，仍然沉浸在失去亲人的痛苦中。就在这时候，一个温柔的姑娘走进他的生活。爱迪生的生命迎来了阳光。

1871 年圣诞节，24 岁的爱迪生结了婚。新娘名叫玛丽·史迪威。

说起来，这桩婚姻也是青年发明家爱迪生的缘分。

有一天中午下着雨，爱迪生拿着雨伞从厂里出来，准备去吃午饭，他看见两个年轻姑娘正在门洞里避雨。年龄大点的姑娘，身穿带蝴蝶结的裙子，一头秀美的长发，亭亭玉立。年龄小点的扎着小辫，一脸稚气。

16 岁的玛丽·史迪威

爱迪生走过去，很绅士地问："我把伞借给你们吧？"

两个姑娘有点害羞，不敢搭腔。

爱迪生说："没关系，拿去吧。"

"谢谢了。"年龄大点的姑娘接过雨伞，道了声谢。

原来她们是两姊妹，姐姐是纽瓦克工厂新来的员工，名叫玛丽·史迪威，今年 16 岁。妹妹名叫爱丽斯·史迪威，是来看望姐姐的。玛丽虽然是新员工，但对爱迪生却仰慕已久。进厂之前她就听说过爱迪生的大名，都说老板是个大发明家、工作狂、美国最有前途的青年才俊。

今天在雨中，玛丽见到了爱迪生温情的一面。他不仅是个成功的企业家，而且和蔼可亲，很有绅士风度。少女的芳心被感动了。

爱迪生也被玛丽的端庄和美丽吸引住了。尤其是她羞涩的微笑，令他难以忘怀。他在这个姑娘的身上，看到了一种宁静的美。这是他多年颠沛流离、风风火火的生涯中从来没有领略过的。

第二天，玛丽来还雨伞时，爱迪生问她："我们能聊一聊吗？"

玛丽大方地说:“可以。”

于是,两人亲切地交谈起来。玛丽出生在一个中产阶级家庭,受过良好的教育,家里兄弟姊妹很多。她喜欢弹钢琴,会厨艺,爱读小说。爱迪生则给她讲自己浪迹天涯做流浪电报员的传奇经历,讲到差一点去南美洲一命呜呼时,玛丽几乎落下眼泪。

“你要是去了,就真没命了。”她担心地说。

“呵呵,上帝知道我是为发明而生的,所以我的命比别人大。”爱迪生笑道。

玛丽刚进厂不久,在车间里打杂。

“你愿意给我做助手吗?”爱迪生问她。

“我能行吗?”玛丽兴奋得脸颊绯红。

“一百个行。”爱迪生说。

就这样,玛丽成了爱迪生实验室里的助手。她细心勤快,把实验室收拾得井井有条,还帮爱迪生抄写资料,整理东西。玛丽看见爱迪生没日没夜地搞研究,失败了又重来,哪怕失败一百次,也从来不气馁,也不知道疲倦,困了就躺在长椅上打个盹。玛丽非常感动,也很敬佩,把爱迪生的生活照顾得无微不至。没多久,爱迪生就感到自己离不开玛丽了。

有一天,玛丽正在写东西,她忽然转过身,看见爱迪生正站在椅子背后。

玛丽莞尔一笑说:“爱迪生先生,我常常能感应到你走近我的时候。”

爱迪生站立着,望了她片刻,鼓起勇气说:“史迪威小姐……近来我总是想你……不知道你肯不肯嫁给我?”

玛丽含羞不语,满面通红。

“如果你肯嫁给我,我愿意和你结婚。”爱迪生继续表白。

“我愿意。”玛丽轻声回答。

两颗年轻火热的心终于贴在一起。由于玛丽·史迪威年纪还小,她的父母不赞成他们马上结婚。但幸福就在眼前,爱迪生等不及了,他还有许多事要赶紧去做。所以圣诞节到来时,爱迪生和玛丽·史迪威举行了婚礼。新郎爱迪生24岁,新娘玛丽16岁。

婚礼是在纽瓦克举行的。在爱迪生的传记资料里,没有找到婚礼细节的记录,但有个趣闻却被广为传诵。据说结婚那天,爱迪生因为埋头实验,把举行婚礼的时间都忘了。

结婚那天上午,有个朋友走进纽瓦克工厂顶楼爱迪生的办公室,看见他穿着一套新郎的衣服,头发梳得发亮,正焦急不安地在地板上来回踱步,嘴里还念念有词:"嗨,究竟是什么事? 什么事呢? "

朋友问他怎么了,爱迪生回答说,今天有一件重要的事,和他穿得衣冠楚楚有关。但究竟是什么事情,他一下子想不起来了。

说完,爱迪生又开始在屋里来回踱步。忽然,他停住了脚步,脸上露出恍然大悟的神情,仿佛中了彩票似的叫起来:

"哦,对啦! 现在我知道是什么事情了,今天是我结婚的日子。"

爱迪生和他的新娘听了这个传说,都觉得很有趣。新娘笑而不语。爱迪生却坚持说,这只是大伙儿茶余饭后杜撰的笑料,他从来都没有把妻子搞忘过。不过他承认,自己从来不戴表,在工厂里也用不着钟表,临时耽误时间的事倒有可能。但应该不是结婚那天,而是在那以后。

这倒是事实。朋友们都知道,爱迪生从来都不注意看钟表。他本身就是一座上紧了发条、精制准确、24小时连轴转的钟。

婚礼之后,爱迪生带着玛丽到尼亚加拉大瀑布度过了一个短暂的蜜月。这是他一生中难得的一次小憩。

尼亚加拉大瀑布是世界第一大跨国瀑布, 位于加拿大安大略省和美国纽约州的尼亚加拉河上,是美洲大陆最著名的奇景之一,也是新婚夫妇度蜜月的

美丽壮观的尼亚加拉大瀑布

胜地。每年到这里观光的有不少是新婚燕尔的年轻人，使尼亚加拉大瀑布的“蜜月之旅”成为一种时尚。爱迪生和玛丽站在50多米高的岸边，目睹气势澎湃的瀑布一泻千里，在峡谷轰鸣回荡不已，他们被尼亚加拉大瀑布的爆发力深深震撼。他们还乘上“雾中少女号”游轮，穿着蓝色雨衣，随着游船穿梭于瀑布激起的千万层水汽中，乘客们随着雷鸣般的水声兴奋地欢呼起来。爱迪生和玛丽感到无比陶醉。

蜜月归来，爱迪生立即投入到紧张的发明研究中。玛丽担负起家务，是个贤内助。她温柔贤淑，善解人意，对爱迪生关怀备至，使丈夫能把全部精力集中在工作上。

第二年，爱迪生和玛丽生了个女儿，取名玛丽安；四年后又生了儿子，取名托马斯。饶有趣味的是，痴迷电报的爱迪生，亲昵地把两个孩子分别叫作“多特”(Dot)和“德西”(Dash)，意思为“点”“画”——这是组成莫尔斯电码的符号，竟成了他的最爱！爱迪生是一个顾家的人，是个温存的父亲和丈夫。家里人对他的生活习惯和工作方式也习以为常。他忙起来一头埋在实验室里，一连几天都不回家。他经常不修边幅，吃东西很简单，不喜欢出席应酬场合，但待人热情亲切，富有幽默感。

1875年11月，爱迪生把年迈的父亲接到纽瓦克来，与他们一起居住。一家人尽享天伦之乐。父亲虽然已71岁，但身体硬朗，帮着爱迪生打点一些工厂里的事务。

门洛公园

menluogongyuan

1876年，爱迪生在距纽约近郊的门洛公园建立了“发明工厂”。爱迪生把它称作“门洛研究所”。这一年爱迪生29岁，他的发明事业由此迎来了辉煌。

随着员工人数和订货量的增加，爱迪生感到纽瓦克工厂已不能适应进一步发展。这时他已开办了5个分厂，厂房散布在狭窄的街道上，环境嘈杂，又常有记者上门采访，爱迪生不堪其扰。纽瓦克的生活开支又大，爱迪生和玛丽一直住在公寓里，还没有自己的家。还有一个重要原因，就是爱迪生觉得兼顾发明和制造很难充分发挥其专长，他想建立一个远离都市喧嚣的实验场所，不受干扰地进行发明。于是，爱迪生下决心把自己的实验室从纽瓦克迁到了门洛公园（Menlo Park），在这里建了一座“发明工厂”，即大型实验基地。

门洛公园的厂址是父亲塞缪尔·爱迪生选定的。老人家坐着马车跑遍纽约四郊，找到一块名叫门洛公园的理想地段。这是一个荒芜的小牧场，地处宾夕法尼亚铁路线上，离纽约只有40千米。牧场四周环境安静，交通便捷，地价也很便宜，非常适合爱迪生建立发明工厂的要求。爱迪生很满意这个地方。这里的

门洛公园实验基地（位于中央的长屋子是主楼，靠近栅栏的是机械房）

环境宁静优雅，他和同事们可以专心致志地投入工作。另一个好处是铁路可以直达纽约，他能方便轻松地与朋友、投资商取得联络。

1875 年 12 月 29 日，爱迪生买下了这个小牧场。1876 年初春发明工厂便动工兴建。

由于当时没有参照的样板，整个实验大楼由爱迪生亲自设计。父亲塞缪尔负责监工。建筑工程进展得很顺利，当年 6 月竣工。主楼是一座两层的木质楼房，长 30 米，宽 9 米。前面有个回廊，楼上设有宽大的阳台。一楼有一个图书馆、一间绘图室和一间办公室，还有一间配有贵重设备的房间。二楼是一个长长的实验室和工作间，里面倚墙立着一排大木架和工作台，上面摆放着各种器皿、化学药剂、电器、电池和实验设备。爱迪生不惜重金，为新实验室增添了大量科学仪器。据说，在这里能找到一个发明家所需要的任何一样东西。园子里还有几栋配套建筑。整个实验基地的四周围着白色木栅栏。

在离实验基地不远处，爱迪生还建了一幢舒适的三层小楼，作为住宅。宽广的庭院中有一大片草坪，还有马棚和风车。孩子们很喜欢在这里玩耍。

门洛公园初建成时，世界上还没有电灯（后来爱迪生正是在这里发明了电灯），主楼用煤气照明，配有专门的煤气发生器，用一台 10 马力的布朗蒸汽机带动。这颇有点象征意义——它意味着门洛公园刚建成时还是“蒸汽机时代”，仅仅几年后，爱迪生发明的电灯让门洛公园大放光明，一举就跨入了“电气时代”。正是爱迪生划时代的伟大发明，给世

爱迪生（中间拿草帽者）和门洛研究所团队合影

门洛公园的开放式实验室

界带来了光明。

门洛公园发明工厂的建立，不但在爱迪生一生的事业中具有不可估量的意义，而且在美国历史上也是一个创举。因为这是美国第一个有组织的工业科学研究机构。

门洛公园里不仅集中了像巴彻勒、柏格曼、克罗西这些从纽瓦克工厂带来的精英，同时爱迪生还雇用了一批优秀的专业人才和能工巧匠。爱迪生把他们当作“朋友兼同事”。他们在爱迪生的统一领导下，分工合作，集体研究，取得了辉煌的成就。正如爱迪生所说：“发明的最佳方法，是充分网罗足智多谋的天才，然后把他们组织起来，顽强地去追求他们的目标。”

门洛公园实验室采用开放式布置，在这里，爱迪生非常容易和助手们进行思想交流。爱迪生认为，这种布局能够创造出自由宽松的氛围，有利于创造能力的培养。爱迪生对工作不设条条框框，也不规定具体的上下班时间，但他的团队经常加班加点，彼此的关系十分融洽，因此收获的成果颇丰。

这个研究所，后来成了美国许多大型工业研究机构的前驱和样板，对美国

THOMAS A. EDISON.

青年爱迪生(素描)

重视实用科学研究传统的形成产生了重要影响。英国科学史家梅森在《自然科学史》一书中指出,1876年建立于门洛公园的爱迪生“发明工厂”,是美国许多巨大的工业研究实验室的原型。梅森还引用亨利·福特的话说:“爱迪生明确地结束了理论科学家与实用科学家的区别,使我们今天想到科学的发现时,总连带想起这些发现在现在或将来会应用于人类的需要。他以精密的科学知识代替工业上光凭老经验的方法,另一方面他又把科学研究引入有用的渠道。”

爱迪生给自己的定位也很明确,即“科学发明家”。他说:“许多人坚持认为我是纯粹的科学家,而我却不这样认为。我并不是研究自然界的规律,也不曾作出这类伟大的发现。牛顿、开普勒、法拉第和亨利是为了探索真理而学习科学,我不是。我只是纯粹的职业发明家。不论是我的研究,还是我的实验,其目的都是为了发明一种具有商业用途的物件。我认为,称我是科学发明家而不是机械发明师,也许更为合适,虽然这两类人之间的确没有什么区别。”

如果说美国从富兰克林开始才有了自己的科学,那么正是从爱迪生开始才有了近代的科学研究。可以说,富兰克林和爱迪生这两个巨匠,正好代表了美国科学史上的两个时代。

爱迪生一生中的主要成就都是在门洛公园完成的。这是他生命中的黄金时期。在这里,他改进了贝尔的电话,发明了留声机、电灯、电影等。他用自己的发明,把人类带到了一个新的时代。

电话大对决

dianhuadaduijue

1844年,莫尔斯在美国首次进行了长途电报通信,人类的通信史揭开了新的一页,从此电报改变了世界,成为人类沟通的主要方式。

受莫尔斯电报的启发,波士顿一位年轻的聋哑学校教师贝尔意识到,如果能用电传送人的话语,也许比电报更具有挑战性,也更具有诱惑力。贝尔和爱迪生同岁,是一个出身于语音学世家的苏格兰青年发明家,他的电话设想带有革命性。

和贝尔同时代的许多研究人员,也抱着同样的想法,其中包括爱迪生和芝加哥的伊莱沙·格林。

1874年9月,贝尔开始构思电话。经过反复实验和多次失败,他终于在1875年6月造出世界上第一部电话原型机。1876年2月14日早晨,贝尔向美国专利局正式申请电话专利。颇有戏剧性的是,在两个小时之后,格林也向美国专利局提交了电话专利的申请;而且两人提出的电话原理几乎如出一辙。

而在一个月前,即1876年1月14日,爱迪生抢先向美国专利局递交了电话"许可权保护"呈文,通知专利局他最近将提出专利许可,请不要接受相似的申请。这表明了爱迪生对电话发明的敏锐性。

由于爱迪生提交的不是正式的专利申请,而贝尔比格林捷足先登等原因,美国专利局于3月7日批准了贝尔的专利,专利号为174465。据称,这是美国专利史上最有价值的一项专利。

3月10日,29岁的贝尔和助手沃森通过电话实现了人类第一次通话。当

电话发明家贝尔

时贝尔在操作机器时，不小心把一滴硫酸溅到腿上，由于疼痛，他情不自禁地对着话筒呼唤："沃森先生，快过来，我需要你！"待在另一个房间的沃森，意外地听到了贝尔的求助，惊喜万分，急忙呼叫："贝尔！我听见了！听见了！"两个敢想敢干的青年，克服重重困难，终于把电话制作成功了。

在爱迪生门洛公园研究所落成的时候，贝尔正在为推广电话四处奔走。

1876 年 5 月，贝尔在美国艺术与科学的会议上，首次展示了他的电话发明，引起了学术界的关注。一个月之后，正好费城举行世界博览会。贝尔和沃森赶到费城，在博览会上表演了用电话通话，引起了轰动。巴西皇帝佩德罗二世观看了贝尔的演示，惊奇地说："我的天，这钢铁的玩意儿竟会说话！"大名鼎鼎的威廉·汤姆生把听筒举到耳边试听后，也惊叹道："简直不可思议，这是最美妙的事情！"

贝尔和沃森回到波士顿，对电话机又作了一次改进，并且利用各种场合宣传电话的原理和应用前景。几个月后，贝尔和沃森在马萨诸塞州塞勒姆做了一次长距离的通话展示。贝尔在塞勒姆当众演示电话的使用方法，沃森在 22 千米以外的波士顿接听电话。他俩在电话中唱歌、对话，并首次通过电话传送当地新闻。

次日，《波士顿环球报》刊登了这条新闻，并配有醒目的标题："电话传送——通过电线发送人的语音的第一条新闻。"北美的各家报纸都转载了这篇报道，在社会上引起了强烈反响。

1877年，贝尔成立了电话公司，开始经营电话业务。贝尔发明的电话，逐渐被市场接受。

但是，贝尔的电话最初有个明显的缺点，就是灵敏度不高，通话双方必须大喊大叫，相当吃力。对于贝尔的电话有没有实用价值，不少人仍然持怀疑态度。贝尔的资助人也就是他的岳父哈伯德曾向西部联合电报公司总裁奥顿提出，把电话专利以10万美元的价格卖给联合电报公司。缺乏远见的奥顿拒绝了哈伯德的建议。

相反，爱迪生却很钦佩贝尔的发明。作为一个发明家，他懂得创造的甘苦和价值。因此，这两个年龄相同的青年发明家尽管没有见过面，但他们的心却是相通的。

随着贝尔电话公司业绩的蒸蒸日上，奥顿方才意识到联合电报公司的电报业务将受到严重威胁。于是，这位大老板亲自来到门洛公园，请爱迪生帮忙想想办法，看如何摆脱困境。

一见面，奥顿就急不可待地问："爱迪生先生，你认为贝尔的电话怎么样？"

"了不起的发明，开辟了人类通信的新途径。"爱迪生回答说，"不过，我觉得贝尔的电话机还比较原始，如果不作改进很难普及。"

"爱迪生先生，你说得太对了。贝尔成立了一家电话公司，将对电话机进行研究改良。如果他成功了，我们联合电报公司就惨了。我们的电报业务将受到很大的打击，搞不好我们甚至会破产！"

人人皆知，西部联合电报公司是电信业的巨无霸，也许情况没这么严重，但奥顿的话并非危言耸听。

"奥顿先生是未雨绸缪哦。"爱迪生听后一笑。

"爱迪生先生，我今天来的目的就是想请你帮忙，能不能把电话改良成实用的东西，帮助我们渡过难关呢？"总裁向他交底。

爱迪生本来就对电话作过研究，而且念念不忘，奥顿的请求正中他意。他思索了一会儿就答应了。但爱迪生向奥顿说明，自己同意投入到改良电话的行列中，与贝尔的竞争没有关系。“我只是希望电话这个伟大的发明能够变成实用产品，为人类造福。”这是爱迪生一贯的思想。

于是，门洛公园研究所展开了改良电话的攻坚战。爱迪生组织他的团队，进行了反复的研究和实验。贝尔电话的缺点是灵敏度不高，并且同一个话筒既是送话器，又作受话器。爱迪生认为，应该把送话器和受话器分开，这样有利于提高电话机的灵敏度，使用起来也方便。

在实验过程中，爱迪生特别重视送话器的改进。贝尔电话机的送话器（同时也是受话器），是通过电磁原理实现声音和电信号转换的。组装送话器的部件和材料为感应线圈、硫酸和炭杆等。为了提高送话器的灵敏度，爱迪生决定寻找新的途径。在三个月里，他试用了 50 多种不同的材料组装送话器，包括水银、海绵、湿纸、石棉等，做了大量实验，但都没有成功。

最后，爱迪生发现用炭精代替硫酸和炭杆，效果非常好。这个炭精送话器采用的是磨碎的炭粉压缩成的电阻，形状像个纽扣，一面是一块薄膜。声音产生的气压变化，通过薄膜的振动使炭粉的密度随之改变，导致电阻及电流的变动。爱迪生把它装进电话里一试，音量大大提高，而且声音很清晰。爱迪生用这个送话器做实验，通话距离一下子提高到几百千米。爱迪生沉浸在成功的兴奋中。

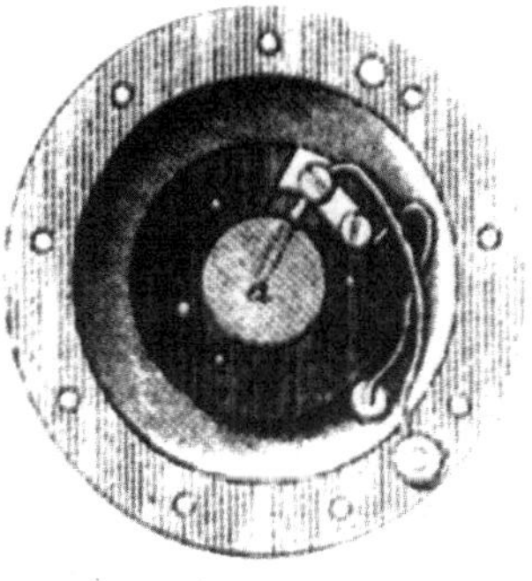
炭精送话器

爱迪生的炭精送话器是在门洛公园研究所里诞生的第一项重要发明，对电话的性能有重大的改进。

1877 年 4 月，爱迪生向美国专利局申请了炭精送话器的专利。由于关于电话的专利很敏感，爱迪生的申请迟迟没有得到批准。但是，奥顿非常欣赏和看重爱迪生的这个发明，后来不惜用10万美元买下爱迪生的专利（这正是哈伯德当初的要价）。西部联合电报公司还投入雄厚的资金，成立了美国电话公司，生产和推广爱迪生的发明。

爱迪生发明的这个炭精送话器，体积小，音质清晰，灵敏度高，后来被称为炭纽式麦克风（microphone，意指“微型电话”），在电话中一直应用到20世纪70年代，对电话投入使用作出了重大的贡献。

1879年8月30日晚上，在美国萨拉托加的市政大厅，举行了一次著名的电话大对决。交锋的双方为爱迪生和贝尔。两位同龄的青年发明家登台亮相，先是介绍自己电话的功效，然后现场演示各自的电话设备。

爱迪生的助手巴彻勒当场朗诵了一首诗歌。使用贝尔的电话时，只有把耳朵贴在听筒边的人才能听见巴彻勒的声音；使用爱迪生的电话时，效果明显不同，电话机附近的几个人都能听见他的朗诵声。

随后，爱迪生和贝尔分别向观众们讲述电话的原理。

《纽约时报》报道了当时的情景：“爱迪生先生与贝尔先生完全是两种风格。贝尔显然是修养极深，他温文尔雅，以一个大学教授特有的技巧吸引着观众，使你不得不为他的演讲喝彩。而爱迪生先生的表现则略逊一筹，他没有贝尔先生的‘风度翩翩’，既不讲究服饰，也谈不到气质，只有他那双异常生动的眼睛活泼而充满生命力。爱迪生自有一套与众不同的风度，他不时以简练得有些前言不搭后语的语言，解释着自己的发明及发明构想，观众同样为之倾倒。”

这一次对决，爱迪生和贝尔的电话谁也没有取得绝对优势。虽然爱迪生的送话器性能优越，但他的受话器性能不佳。这样一来，两家势均力敌，谁也不能垄断电话业。

接下来，贝尔电话公司和西部联合电报公司（内含爱迪生专利权）打响了一场旷日持久的商业竞争战。双方诉诸法庭，不惜耗时耗钱。诉讼内容甚至包括电话的发明人究竟是贝尔还是爱迪生，其结果与“萨拉托加大对决”一样，谁也没有取得绝对优势。最后两家公司达成和解协议：西部联合电报公司退出电话市场，把已有的电话资产包括 5.6 万客户和爱迪生的炭精送话器专利，以实价转让给贝尔电话公司。作为补偿，贝尔电话公司同意在以后 17 年中，电话专利收入的 20%归西部联合电报公司，同时承诺贝尔电话公司不再参与电报市场竞争。

电话百年纪念邮票（左：贝尔和他的第一台电话机，右：爱迪生和他的炭精送话器）

法庭最后判定，贝尔是电话发明人，而真正使电话具备实用价值的则是爱迪生。应该说，这个评判是公允的。不可否认，如果没有爱迪生对送话器革命性的改进，电话不可能迅速在世界范围投入使用。爱迪生功不可没！到了 1890 年，电话已经非常普及。到 1910 年，电话用量已有 700 万部；1922 年，增加到 2100 万部。一百年以后的今天，全世界已有将近 33 亿部电话机（包括固定电话和移动电话）在工作。世界平均电话普及率为 49.45%，即每两个人中就有一个人有电话。其中，美国的电话普及率超过了 95%。

KEXUE JUREN DE GUSHI

会说话的机器

钢针的灵感

gangzhendelinggan

科学发明本是人类共同劳动的成果。研究人员互相启发和交流，常常有意想不到的效果。爱迪生改进送话器，本来是受贝尔的启发，没想到,他在实验的过程中竟发现了一个新奇的现象。

有一次，爱迪生调试送话器，因为听力不好，就拿一根短针来检验传话膜片的震动。不料，当他手里的短针接触膜片以后，随着说话声音的强弱变化，膜片会发生有规律的颤动。

爱迪生灵机一动，他想：如果反过来，使短针颤动，不就可以复原出声音了吗？这个想法像火花一样在爱迪生的脑海里闪现，令他十分激动。

爱迪生是一个善于观察的人。他平日很留意大自然的现象，并从中得到启发。他发现最轻微的海水涟漪，也会在沙滩上留下美丽曲折的波纹痕迹。还有一种常见的现象，也引起了他的注意，即撒在薄木板、玻璃等光滑表面上的沙子，在钢琴声音的作用下，会在这些物体表面上排列成与这个声音振动一致的曲线。爱迪生从中悟出：物质的微粒很容易感受到传给它们的运动，或者说很容易接受最微弱的水波、气波或者声波并留下痕迹。

爱迪生说："无论大家对这些现象多么熟悉，迄今为止，大概谁也没有想过，人的嗓音所激起的声波同样可以在某种物质上留下准确的痕迹，就像海滩上留下涨潮波浪的痕迹一样！"

爱迪生在研究送话器时发现了这一点。人的嗓音所激起的声波的确可以留下准确的痕迹，它可以使沙粒在玻璃上呈现曲线，也可以使钢针有规律地颤动。只要把它们记录下来，再逆向复原，人的声音就可能还原。

这就是关于留声机的奇妙设想。

其实，爱迪生并不是第一个提出留声机设想的人，但他是第一个实现这个美妙设想的人。这正是爱迪生的伟大之处。

在爱迪生之前，曾经有人设想过把人的声音储存起来。

早在1839年，汤姆·胡德就在《每年笑闻》中写道："在这个发明层出不穷的时代，既然自动图画纸已经问世，可以用来复制可见物，为什么不能发明一种重述声音的复写纸呢？"汤姆·胡德这里所说的"自动图画纸"，指的是刚发明不久的摄影术，能记录图像。他因此产生联想，推测声音也有可能被复制。

38年之后，一个名叫查尔斯·克洛斯的法国科学家，也提出了重现声音的设想。克洛斯1877年4月撰文描述，若以人的声音振动薄膜，薄膜在一块涂有炭黑的玻璃上会留下振动细纹，然后用光蚀方法将细纹印在金属盘上，再用另一个薄膜的附件在光蚀后的细纹上移动，这样一来薄膜就会重现原来的声音。由于克洛斯没有找到财力支持，无法进行实验，只好把论文提交给巴黎科学院。几个月后，科学记者雷诺从克洛斯处获得了这个信息，在杂志上披露了克洛斯的实验设想。不过，这一消息并没有引起广泛注意。人们普遍认为，按当时的科技水平，要想把声音储存起来等于想让时间停留一样，是不可能的。

对海浪淘沙和钢琴声留痕的入微观察，再加上手触钢针产生的灵感，使爱迪生突发奇想，从而让"不可能"的事，蓦然间变得"可能"了。

一连几天，爱迪生吃不下饭，睡不着觉，他像着了魔一样，在实验室里进行探索性实验。当时正是盛夏时节，天气闷热，蚊子叮咬。爱迪生挥汗如雨，光着膀子做实验，饿了就吃两个馅饼，喝一杯咖啡。经过几个星期的苦战，终于取得了突破。爱迪生压抑不住内心的喜悦，在笔记本上写道："我用一块带针的膜片，针尖对准急速旋转的蜡纸，声音的振动就非常清楚地刻在蜡纸上了。实验证明，要把人的声音完整地储存起来，什么时候需要什么时候再放出来，是完

爱迪生(中)和他的团队
(左首坐者是克罗西、后排左二是巴彻勒)

全可以做到的。”

1877年7月18日，爱迪生在笔记本上画了一张留声机草图，图的旁边注明：

X是连接中心膜边缘的橡胶膜，在靠近或处于嘴唇的位置时，发音使它产生颤动，它将振波传到中心膜，继而传向外层膜。由此，我们发出的辅音被增强，使声膜振动起来——我们刚刚做完这样一种实验。

我们用一块带有凸凹纹的膜板，紧贴急速旋转的蜡板，话音的振动便非常清楚地刻在蜡纸上。于是我们发出的“斯——波——咳——哥——”的声音振动，就被清楚地记录在蜡纸上。毋庸置疑，据此将来我一定会十分完满地储存和再现人的声音。

8月12日，爱迪生的笔记本上突然出现了“留声机”这个词。这表明他的实验又有了新进展。

11月7日，一位知情人向《美国科学人》杂志透露说，门洛公园的实验室正在考虑“一种非常大胆的设计，这种装置将把人的声音记录在纸条上，随时可以自动将声音复原，并具有原来说话人声音的特点”。

这些迹象表明，爱迪生的新发明“留声机”已经呼之欲出。

12 月初的一天清晨，爱迪生把助手克罗西叫到自己的房间，交给他一张设计图纸。图纸是爱迪生夜里刚画出来的，上面标有图样的准确尺寸和详尽说明。在图样旁边，还注明了制造工价 18 美元。

克罗西是门洛公园最能干的技师，中等个头，留着小胡子。无论设计图难度有多大，只要爱迪生画得出来的东西，他就能制作出来。此刻，克罗西打量着图纸，发现图样有点古怪。他思索了一下，想不出这东西有什么用。

“老人家，这是什么玩意儿啊？”克罗西好奇地问。

“我要让这个机器说话。”爱迪生语气坚定地说。

“真的吗？”克罗西将信将疑，他从没听说过“会说话的机器”。

“你造好模型，我再告诉你它能干什么。”爱迪生说。

“遵命，先生。”

克罗西一头扎进车间，照着图纸忙活起来。他连续干了 30 个小时没有休息，饿了就咬几口面包。到第二天下午，克罗西终于把爱迪生设计的原型机造出来了。这一天是 1877 年 12 月 6 日，它成为爱迪生发明生涯中特别值得纪念的日子。

第一台留声机

diyitailiushengji

克罗西双手捧着原型机，三步并作两步地送到爱迪生的房间里。

“先生，您设计的模型造出来了！”他把机器小心翼翼地摆在桌子上。

爱迪生看见机器和自己设计的完全一样，脸上露出了微笑。

实验室里的人都好奇地围了上来。大家打量着摆在桌子上的机器，看模样并不复杂，一个笔筒大小、中心有轴的金属筒，横向固定在支架上，金属筒表面刻着纹路，跟一个小曲柄相连，旁边是一个碗口粗的金属管，金属管的底膜板

爱迪生的第一台留声机

中心焊着一根针头，正对着金属筒的槽纹。说实在的，不但当时的人们很难把这种古怪的机器同"会说话"联系起来，即使在今天，乍看这个东西，我们也很难猜出它是干什么用的。

在场的人都不相信这台机器会说话，有人还打趣地说，爱迪生是在"开国际玩笑"。车间的领班卡曼揶揄道："我赌一打雪茄，这东西不行。"

巴彻勒说："我宁愿赌两美元，这机器多半不能说话。"

爱迪生笑了笑说："今天我没带钱，我愿意赌一桶苹果。"

接着，爱迪生胸有成竹地取出一张锡箔，裹在大圆筒上，并把连着膜板的针头对着锡箔。等一切准备好后，他扫了大家一眼，然后开始用摇柄转动大圆筒，一面转动，一面对着碗口朗诵起一首童谣：

玛丽有只小白羊，
它的绒毛白如霜。
不管玛丽往哪走，
它都一定跟着她。

这首童谣是他小时候母亲南希教的，爱迪生终生难忘。由于锡箔下面的金属筒上有槽纹，所以随着话音的起伏，唱针在锡箔上刻出了深浅不同的波纹。然后，爱迪生停下来，把针拨回到起始的位置，让克罗西把耳朵贴近"碗口"。爱迪生重新转动摇柄，于是这个笨重的机器发出了声音："玛丽有只小白羊……"

声音传进克罗西的耳朵，并且在房间里飘荡。声音虽然细微，却清晰入耳。这下可把大家都惊呆了。

克罗西第一个喊起来：“我的老天，真是会说话的机器呀！”

原来，连在膜片上的金属唱针把声波转化成锡箔上的波纹。当唱针沿着波纹重新振动的时候，录下的声音就再现出来了。

门洛公园实验室顿时沸腾起来。大家围着爱迪生和他的“会说话的机器”，又惊又喜，欢呼不已。爱迪生随后也承认说：“在我一生里从来没有像这次如此惊喜。坦白地说，我也很担心第一次实验能不能成功呢！”

卡曼笑眯眯地说：“嘿嘿，我赌输啦。”

他掏出一支雪茄，恭敬地递给爱迪生。爱迪生点燃雪茄，猛抽了一口，吐出一串漂亮的圆圈。众人又是一阵欢呼。

爱迪生给他发明的机器取了个动听的名字，叫作“留声机”。当时的英文字典里没有这个词，它是根据两个希腊词“声音”和“记录器”合成的。

这台留声机虽然结构简单，外观笨头笨脑，能录的声音也不多，但是它的出现却是前所未有的创举。人类第一次实现了声音的储存和再现。这是继贝尔发明电话以后，电声学上又一个伟大的创举。当时，爱迪生正好30岁。

当天夜里，爱迪生和克罗西把自己锁在实验室里，反复地调试机器。爱迪生对着金属碗口说了一整夜的话——他翻来覆去地朗诵“玛丽有只小白羊”的童谣，还对着它唱歌，向它吹口哨，朝它大喊大叫。克罗西则对着它吆喝，交替地讲着夹杂着德语的俚语。每一次，这个会说话的机器都准确地重复着所说过的话。

直到窗外透出鱼肚白时，爱迪生确信实验结果已万无一失。

1877年12月7日早晨8时，彻夜未眠的爱迪生带着他的新发明，乘车赶到纽约。爱迪生兴冲冲地走进《科学美国人》杂志编辑部，一个文员模样的人把他领到主编办公室。主编比奇先生看见爱迪生从腋下拿出一个包，然后小心地打开。

“这是什么东西呀？”比奇好奇地问。

“请等一分钟。”爱迪生说。

爱迪生从包里取出留声机放在办公桌上，比奇看到的是一个模样古怪的机器。他正感纳闷时，爱迪生轻轻地摇动机器的曲柄。

这时，从机器的金属碗口突然传出清晰的声音：

“哈罗！我的名字叫留声机。”

比奇主编吓了一跳。

机器又说起话来：“我的主人是托马斯·爱迪生，您喜欢我吗？”

比奇主编对着机器有些发呆。爱迪生面带微笑地望着他。

“这发明真了不起，简直是奇迹啊！”比奇由衷地赞叹道。

杂志社的工作人员闻讯，纷纷赶到主编办公室来。大家围在办公桌前，看着爱迪生把一张锡箔纸裹在圆筒上，再对准钢针，然后爱迪生对着话筒说：“玛丽有只小白羊，它的绒毛白如霜……”当他重复操作机器时，机器居然重复说出了童谣。众人都惊叹不已。

爱迪生发明了“会说话的机器”的消息，迅速从《科学美国人》编辑部传开了。纽约各大报纸立即派记者前来现场采访和观摩，比奇的办公室被挤得水泄不通。爱迪生反复地给大家作演示，实验持续了两三个小时，前来观看的人有增无减。比奇主编后来担心人太多会把地板踩塌了，方才宣布实验结束。

第二天，纽约报纸报道说：“伟大的发明、世界的奇迹——一个会说话的机器。”这个消息很快传遍了全世界。比奇主编在12月22日出版的《科学美国人》中详细地描述了这次演示的精彩过程，并称爱迪生的这项伟大发明，将为今后的科研事业开辟更为广阔的领域。另一家生活月刊也发表文章称：“爱迪生的最新发明——他取名为留声机，我们可以预言，它必将颠覆旧日的生活方式。”

爱迪生发明了“会说话的机器”的消息，像春风一样传开了。好奇的人们从各地纷纷赶来，挤满了门洛公园的爱迪生研究所，他们一个个对着留声机叫喊，吹口哨，打喷嚏，唱歌，然后入神地聆听机器重新播出这些声音。参观的人越来越多，门洛公园车水马龙，简直变成了一座游艺场。大家对爱迪生的发明惊叹不已。报刊纷纷发表文章，称赞这是“19 世纪的奇迹”，甚至在美术作品里也出现了留声机。

1877 年 12 月 24 日，爱迪生正式向美国专利局提出留声机专利申请。

专利内容包括：“将由人的声音或其他声音振动的盘、振膜或其他物体与另外一部分材料连接，该部分材料可由压力、刻蚀或其他方法改变表面，从而能够记录下上述振动体的痕迹。这种记录下的痕迹，装在第二个振动盘上，便会将振动体的声音重现。”

1878 年 2 月 19 日，爱迪生的专利获得批准，专利号为 200521。专利局的官员认为爱迪生的发明非常新颖，用机器记录和复原声音，这在美国和其他国家还没有先例。因此，不到三个月专利就被批准了。

世界为之震撼

shijieweizhizhenhan

爱迪生誉满全球，整个世界都被他的发明震动了。

1878 年 1 月，留声机发明的消息传到英国。一些学者名流、皇亲贵胄相互转告，传为奇谈。英国邮电总局总工程师普利斯博士闻讯后，兴奋不已。这位普利斯博士半年前访问美国时曾到门洛公园拜访，爱迪生的行事风格给他留下了颇深的印象。普利斯博士在1877年5月18日的日记里写道:“我在一个名叫门洛公园的地方,和爱迪生共度了酷热的一天,他是一位出色的电气技师,我们对那里的仪器进行了测试和检查。吃饭时,他为我们提供的竟是生火腿和茶水!”

普利斯博士听到留声机问世的消息后,千方百计地托人到美国弄来一台留声机的样机。科普传统深厚的英国皇家学会获悉后,特地举办了一次留声机展览会,请普利斯博士向科学爱好者们讲解留声机的原理。顺便提一句,正是这位热衷新发明的普利斯博士,18年后成为鼎力支持马可尼发明无线电的贵人。

消息传到法国,即将开幕的巴黎世界博览会主办方,立即派专人远渡重洋,到门洛公园研究所向爱迪生索取留声机样机。慷慨的法国政府还为这项发明颁发了一笔奖金,并授予爱迪生爵士头衔。

为了表彰爱迪生的发明,美国总统特地在白宫接见了他。总统和政府官员观看了留声机的表演,都赞不绝口。这件事情的经过,颇有点戏剧性。

1878年4月18日,爱迪生带着助手巴彻勒乘车来到华盛顿,他们将在国家科学院演示他发明的留声机,并会晤一些科学家和记者。

爱迪生第一次穿上正式的礼服,领口系着蝴蝶结,一副彬彬有礼的青年绅士模样。他和助手在名记者佩因特的陪同下,首先来到史密斯研究院院长约瑟夫·亨利的家。这位约瑟夫·亨利就是以电感单位“亨利”留名的大物理学家,在电学上与法拉第、安培齐名,对电磁学贡献卓著。莫尔斯发明电报、贝尔发明电话,都曾向他请教过。爱迪生在客厅里向亨利演示了留声机。这位81岁高龄的美国科学泰斗,听到留声机说话后,快活得竟像个大孩子。

“真是奇妙无比啊!”他赞不绝口。

能得到亨利的表扬,爱迪生感到莫大的荣幸。

接下来,爱迪生一行赶到纽约名媛盖儿·汉密尔顿寓所。许多国会议员、外交团人士和社会名流已在这里等候。爱迪生向大家讲解了留声机的原理和功能，然后作了现场表演。这些纽约的上层人士目睹了留声机的风采，聆听了机器录下的风趣对话，完全被征服了。

当天傍晚，爱迪生参加了美国国家科学院为他举行的聚会。聚会上，爱迪生向美国的科学精英们现场演示了留声机。

主席先生向大家介绍："这位就是来自门洛公园的青年发明家爱迪生先生，今天，他将为我们表演震撼世界的最新发明——留声机。"

爱迪生鞠躬致意，场下响起热烈的掌声。巴彻勒把留声机安置在演讲台上。在众人的注目之下，爱迪生轻轻转动曲柄，说话声立即从机器里发出来，非常清晰，就像是从遥远的地方传来：

"今天，本留声机能够来美国科学院与诸位相见，深感荣幸！"

科学院大厅里顿时响起一片惊讶声，接着是赞叹声。

"果然名不虚传！"

"太神奇啦！"

爱迪生微微含笑，继续转动曲柄，从留声机里传出事先录好的各种声音：童谣、歌声、打喷嚏、吹口哨，听众们一阵欢呼，现场气氛达到高潮。爱迪生的演示获得圆满成功。

当天晚上11时，爱迪生突然接到白宫的通知，说海斯总统要观看他的留声机。爱迪生立即带上机器，穿过宾夕法尼亚大道来到白宫。

海斯总统亲切地接见了爱迪生，兴致盎然地观看了留声机的演示。在座的还有国务卿、内政部秘书等官员。爱迪生给总统表演了整整两个小时，总统非常高兴。总统夫人和几个女宾也一起观看了演示，并且问长问短。爱迪生被大家围在中间，不时地回答各种好奇的问题。直到凌晨3时30分，他才离开白宫。

爱迪生和他的留声机(马修·布雷迪摄于1878年)

一位《华盛顿邮报》的随行记者亲历了整个过程。他得知爱迪生只有31岁,佩服得五体投地。爱迪生谦虚地说:"我想我能活到50岁,我希望能拿出比这更新奇的东西让世界吃惊。"

在华盛顿逗留期间,爱迪生还登门拜访了著名摄影家马修·布雷迪,他为爱迪生和这部神奇的机器留下了一张具有历史意义的照片。

爱迪生成了新闻人物,有的报纸甚至把他称作美国英雄。采访、宴会、签名和各种荣誉,简直使他招架不过来。他对这些社会应酬不感兴趣,好不容易才逃出重围。他需要的是时间和工作。

这年5月6日，爱迪生在《北美评论》上发表题为《留声机及其未来》的文章，列出了他设想的留声机的十大用途：

1. 不用速记员，就能把口授的东西记下来；

2. 留声机读物，帮助盲人学习；

3. 练习发音、朗诵、演讲；

4. 欣赏音乐；

5. 家庭录音，录制亲人的说话、回忆录；

6. 制成会说、唱、笑、哭的玩具，作为馈送儿童的礼物；

7. 制成会发出语音信号的报时钟；

8. 永久保存名人谈话；

9. 教学辅导；

10. 电话录音。

爱迪生的设想和预见，后来全都变成了现实。

美国的第一次留声机展览大会，是爱迪生在纽约百老汇大街203号举办的。爱迪生在展览会上向公众宣传留声机的妙用，取得了轰动的效果。来自费城、芝加哥、新奥尔良等各大城市的观众蜂拥而至，展览会上人山人海，盛

女歌星正在用留声机录音(铜版画)

况空前。几个喜剧演员对着留声机插科打诨、说笑话，逗得观众们哈哈大笑。还有著名的歌星，仪态万方地对着留声机唱歌。粉丝们一片喝彩，如痴如狂。

爱迪生风趣地说："观众都以为这些歌星是大歌唱家，她们的小毛病平日在歌剧院里听不出来，可是当她们的声音从留声机里唱出来时，就藏不住瑕疵了。她们骗不了我的留声机！我能把她们的缺点找出来！"

其实，爱迪生的话只说对了一半。从留声机发出的女歌星的声音听起来有杂音，除了歌星的声音偶尔失误外，机器本身存在失真也是一个原因。刚刚问世的机器还有些不理想的地方，比如声音小、录放的时间短。另外，靠手柄旋转，转速不好控制，如果录放声音的时候转速不匀，声音就会明显失真：转快了，声音变得尖声怪气；转慢了，就会低沉得像老牛哞哞叫。

为了消除这些缺点，爱迪生作了一系列改进。在第二代留声机的话筒上，他加了个喇叭形的音筒，远看很像一朵硕大的喇叭花，是作为扩音器用的。他还用蜡筒代替锡箔，并且在机箱里装上了驱动设置，每次只要上紧发条，就可以自动录放声音了。原先用锡箔，每张只能使用一次。改成蜡筒后，每用完一次，刮掉以后还可以再用，使用寿命大大延长。不过，改进以后的留声机放音时间还是比较短，每次最多只能播放 4 分钟，但这在当时已经很难得了。

之后，爱迪生不断地对留声机加以改造。1909 年，爱迪生推出一种密纹唱筒，容量由 2 分钟增加到 4 分钟。1914 年，爱迪生唱片的年销量创造了 1 万张的纪录。

“门洛公园的魔术师”

menluogongyuandemoshushi

留声机为爱迪生赢得了巨大的声誉,但也有不少人对新发明表示怀疑。

一位德国学者在科学院演示留声机时，竟有人当场跳起来大吼:“这是骗局!你以为使用腹语的伎俩就能骗过我们吗?”所谓“腹语”,指的是不动嘴唇就能发音的技巧,听起来就像从肚皮里说出来一样。

演示者解释说:“这不是腹语,而是机器在说话。”

那个冥顽的家伙不相信，竟讥讽道:“难道能设想这可鄙的金属会发出高尚的人的声音吗？”

一位剑桥的老公爵始终不相信机器能够说话。当他看到留声机的表演后，竟然瘫倒在椅子上,失声叫道:“里面有魔鬼！”

在美国本土持怀疑态度的也大有人在。

有一天,爱迪生的朋友米勒先生陪着文森主教来到门洛公园。米勒是个有声望的教育慈善家，对青年发明家很赏识。主教大人却是一个留声机的怀疑者,他此行就是专门来挑刺的。米勒事先向爱迪生透露了文森主教的来意。爱迪生听后一笑:“呵呵,没有关系。”

文森主教莅临时,爱迪生恭敬地迎接:“欢迎主教大人来监督。”

文森主教表情矜持,但心怀叵测,只微微点了点头。米勒先生看在眼里,露出会心的微笑。

胸有成竹的爱迪生把两位贵宾迎进办公室,当场向他们演示留声机。

当一段浅吟低唱从留声机里传出时,文森主教下意识地四下张望。来之前有人特别提醒他,要留意房间里的某个角落藏着口技家。此刻,办公室里除了桌子上的机器,只有他们主客三人。看来,爱迪生没有作假。

改进型留声机

留声机继续在说话，这次从话筒里传出的是一首戏谑的儿歌："从前有个小丫头，脑门生着卷卷发，她要好时像天使，她要坏时坏透啦。"

文森主教的嘴角掠过一丝狡黠的微笑，面部肌肉不那么僵硬了，但是他的眼神依然透着几分疑惑。

爱迪生对他说："如果主教大人自己对着这个机器说话，它会更让您满意。"

这正中文森主教的意，于是他走到话筒前，毫不迟疑地快速念出一长串《圣经》上的名字："哈拉莱尔——玛士撒拉——阿尔普哈则萨德——哈萨玛菲——谢多劳玛。"

爱迪生说："好啦，可以停下来了。"

文森主教这才闭上了嘴巴。爱迪生把留声机调整了一下，然后摇动曲柄，话筒里顿时传出文森主教方才念叨的一长串佶屈聱牙的名字，一句连着一句，清清楚楚，准确无误。

文森主教完全信服了。他由衷地笑着说："我非常满意。要知道，在全美国没有人能这么快地背诵这些圣子、圣徒的名字！"

米勒先生也笑了，他拍着爱迪生的肩头称赞道："难怪媒体把你称作'门洛公园的魔术师'，恭喜你啦！"

爱迪生说："谢谢您的夸奖，我还要继续改进它。"

其他发明家对改进留声机也很热心，不少人在作新的探索。一场使“会说话的机器”达到完善的竞争激烈地进行着。

1881 年，贝尔和两个助手也发明了一种留声机，同爱迪生的留声机原理一样，结构也很相近，只是录制声音的方法不同：爱迪生的留声机是用唱针在一条线上刻成不同的深度，贝尔的留声机是在蜡筒上刻出曲线来。换句话说，一个是唱针作纵向运动，另一个是唱针作横向运动。后来在 1937 年，贝尔的这台留声机曾经在美国一个工程学院公开展出过。虽然已经过去 50 多年了，转动机器上的蜡筒还清晰地播出了当年记录的声音。

1886 年，贝尔的堂兄弟同别人合作，取得了一种新型的留声机设计的专利。这种留声机，第二年由爱弥尔·柏林纳制造成功。它的最大特点，是用圆盘形的唱片代替了大唱筒，唱片用两个手摇转轮带动。唱片留声机同唱筒留声机相比，性能有明显提高，基本上形成了现代电唱机的雏形，这无疑是留声机发展史上的一次重大革新。

爱迪生也不甘落后，为了对付日益激烈的竞争，他经过连续苦战，在 1888 年，把唱筒型留声机装上了电源，用电瓶启动，然后用接有软管的耳机收听，有点像医生在用听诊器听诊一样。改进以后的留声机，声音清晰逼真，被人们广泛地使用。直到晚

爱迪生改进后的留声机

人们都喜欢爱迪生的留声机(1889 年巴黎世博会上)

年,爱迪生还在努力改进留声机。不过,唱片最后还是取代了唱筒。

1878 年,在法国巴黎举办世博会,会上展示了贝尔发明的电话、爱迪生发明的留声机,以及冷冻船等新技术、新产品。这些划时代的发明,给参观者带来极大的鼓舞。科技的进步增进了各国之间的相互了解,缩小了人与人之间的距离。爱迪生的留声机幸运地获得了这次世博会的大奖。

经过不断的改进,留声机逐渐普及开来,给全世界带来欢乐和愉快。爱迪生的名字家喻户晓,他被誉为“发明大王”。

在 1889 年的巴黎世博会上,爱迪生成了埃菲尔铁塔下的明星,留声机也成了公众的宠儿,无论老人妇孺都非常喜欢。在留声机展台前,人山人海,挤得水泄不通,每天都有 3 万人前来参观。游客们排上几小时的队,为的是听听留声机交替播放的法国和美国国歌,让他们更兴奋的是还可以听听自己的录音。在这些参观者中,有法国总统卡诺及全家、英国威尔士亲王、威尔士公主和其他王公大臣。巴黎世博会闭幕时,爱迪生展馆的总监汉莫登上埃菲尔铁塔,把政治要员的讲话和礼炮的轰鸣全都用留声机录下来,送给爱迪生作为永久纪念。

据大型科普系列片《世博会的科学传奇》介绍,在 1893 年芝加哥世博会上，留声机已经蔚为大观。贝尔公司的“格拉夫风”留声机对爱迪生留声机作了重要改进，将滚筒上的锡箔换成硬蜡，并将摇把换成踏板和弹簧发条。几百个留声机安放在展馆和中途乐园，投进 5 分镍币即可欣赏世界各地的著名音乐。爱迪生公司在展馆表演了用爱迪生留声机录制的音乐，并制作了一个 3 米高的“山姆大叔”机器人，腹内安装留声机为高尔鞋做广告。

到了 1915 年旧金山世博会，留声机已经不再是新奇的展品，而成了重要的场馆设施。巴拿马运河展厅旋转平台的 1200 个座位上都安装了耳机。工作间里 60 部留声机如同铁路警察一样各管一段，分别录入了 15 段不同内容的解说词，当观众的座椅转动到运河工程模型每一处时都能听到对应的介绍。这是人类举办大型展览首次实现自动语音讲解。

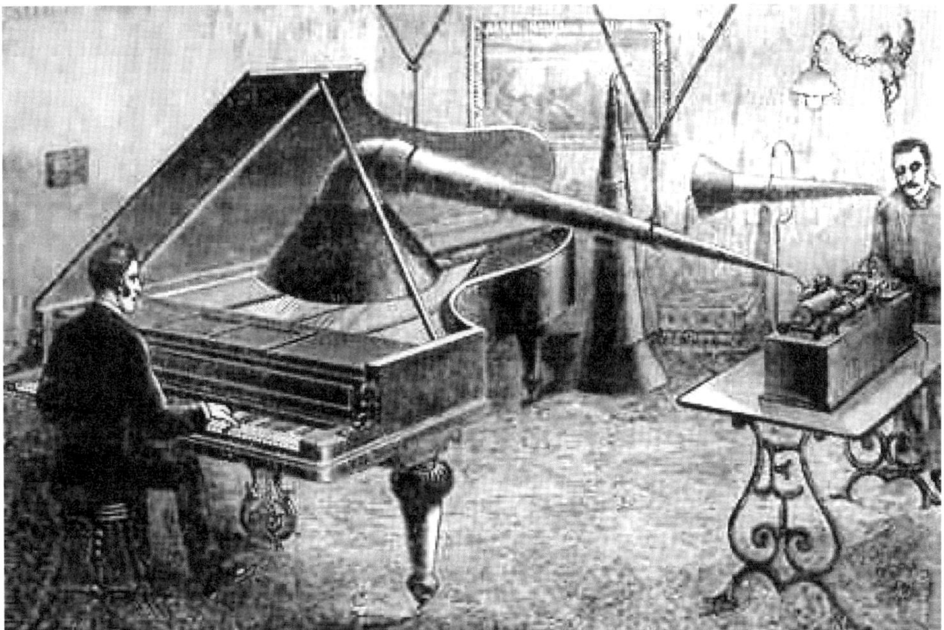

1893 年芝加哥世博会上爱迪生留声机正在录制音乐

KEXUE JUREN DE GUSHI

把光明带给人类

光明使者

guangmingshizhe

爱迪生一生有两千多项发明，平均 13 天就有一项发明，其中最辉煌的两项发明——留声机和电灯，差不多是同时完成的。

就在爱迪生发明留声机的同时，他对电灯的研究也取得了突破性的进展。

当然，爱迪生并不是第一个研究电灯的人。早在 19 世纪初期，就有人探索用电来照明。在几十年时间里，不少科学家前赴后继，作出了贡献，但是直到爱迪生的时候，还没有一种实用的电灯问世。

在研究电灯的先驱者中，首先应该提到的是法拉第的老师戴维。1808 年戴维在做电化学实验的时候，曾经发现两根相邻的炭棒中间通过电流，会发出强烈的弧光。他根据这个发现，发明了人类历史上第一盏弧光灯。他用两千只伏打电池做电源，使一盏弧光灯发出的光足够照亮一个大厅。不过，戴维的弧光灯存在着明显的缺陷：一是光芒太刺眼；二是炭棒燃烧时耗损很大，炭极之间的距离必须不断调整；三是炭极打火嘶嘶直响并冒出黑烟和呛人的气味。戴维还发现，白金丝通过电流的时候会白热发光，而且很快就会在空气中烧掉。这一发现，启示后

戴 维

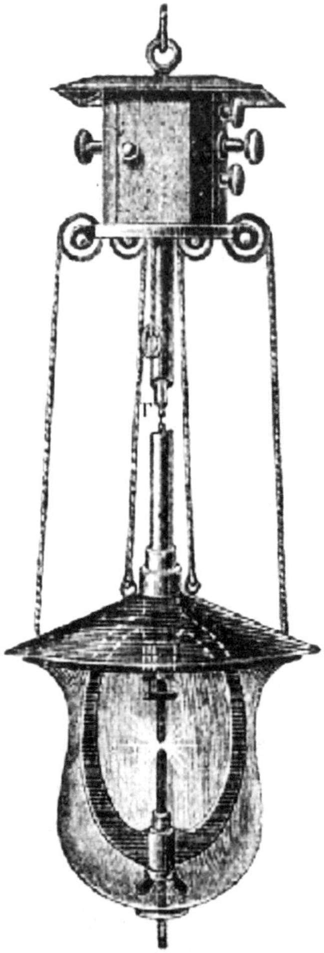
早期的弧光灯

来的人发明了白炽灯。

俄国有个科学家名叫彼得罗夫(1761—1834),也发现了电弧,时间比戴维早一些。由于沙俄统治者不重视科学,彼得罗夫的发现就被埋没了。

到19世纪下半叶,随着发电机的问世,弧光灯已经广泛用在灯塔、剧院和广场的照明上。在1878年巴黎世博会上,弧光灯照亮了巴黎大剧院所在的街区,蔚为大观。但是由于弧光灯耗电惊人,每盏弧光灯都得配上一台发电机,而且灯光太刺眼,不适合家庭使用。当时的家庭照明一直用煤气灯、蜡烛或者油灯,黑烟很多,也不明亮。为了寻求一种经济实用的电灯,人们做了大量工作,积累了很多失败的教训和成功的经验。19世纪70年代,发明电灯的条件日趋成熟,不少人都想一显身手。爱迪生就是在这时候参加研究的。1869年,他刚到纽约的时候,曾经对着街上的弧光灯出神,想不到10年后,他的发明竟使全世界的街灯改变了面貌。

1876年,俄国发明家亚布洛奇科夫对弧光灯进行了改良,发明了一种被称为"电烛"的照明装置。亚布洛奇科夫用绝缘物把两根炭棒隔开,电弧的亮度减弱,变得像蜡烛燃烧一样,人们称之为"亚布洛奇科夫烛"。亚布洛奇科夫还改进了供电方法,一个线路可以同时点亮许多盏弧光灯。由于电烛亮度小,用电比弧光灯节省,应用范围得到扩大,开始用于街道、商店、工厂和住宅的照

1878 年巴黎世博会期间弧光灯照亮了巴黎大剧院所在的街区

明。但是电烛本质上仍然是弧光灯,即火焰光源,照明持续时间短,必须频繁更换电极,价格昂贵。由于这些原因,极大地限制了电烛的普及。

在美国,也有不少电气界的先行者对弧光灯进行研究,积累了丰富的经验。其中的佼佼者有华莱士、法默、布拉什、索耶等人,他们提出了许多巧妙的方法试图解决人类的照明问题。华莱士和布拉什研制出了新颖的弧光灯,悬挂在纽约麦迪逊桥上与协和十字路口,取代了老式的煤油灯和汽油灯。他们是一群光明的使者。

1878 年秋天,在留声机研究胜券在握的时候,爱迪生决定集中精力研究白炽灯。他首先收集人类照明的各种资料,从上古的油灯、鱼烛,后来的煤气灯,直到当代各种电灯的研究资料,凡是和照明有关的材料,他都进行研究。他先后摘录的有关笔记就有 4 万多页。

9 月初,爱迪生动身到康涅狄格州安索尼亚市,观摩了华莱士的实验。参加这一次历史性会晤的,还有爱迪生的挚友巴克教授(他也是华莱士的朋友)、

充满自信的爱迪生

哥伦比亚大学化学教授钱德勒，以及爱迪生的助手巴彻勒。正是巴克教授告诉爱迪生，华莱士的工厂正在使用一种新奇的电照明系统，引起了爱迪生的兴趣。

华莱士几年前就开始建造直流发电机。当时，他把一台直流发电机安装在工厂附近的河流上，用水带动涡轮转动，它产生的电流远远强于爱迪生所知道的任何一种电化学反应获得的电流。这种直流发电机是华莱士和法默共同研制的，被称为华莱士一法默发电机。它的主要部件有一个电磁铁、一个被称为电枢的线圈。其发电的原理，来自当年法拉第的发明。

华莱士的工厂距发电站 24 千米，直流发电机发出的强电流，点亮了厂里的弧光灯。华莱士的照明系统让爱迪生大开眼界。爱迪生像个大孩子，兴奋地从发电机那里跑到弧光灯前，又从弧光灯这里跑到发电机那里，各种想法在他的脑海里不停地闪现。一想到可以使用电作为万能的能源，他就备受鼓舞，同时他相信自己能发明出一种比弧光灯更实用的电灯。

华莱士和客人欢聚一堂，探讨用电进行照明的各种难题。其核心问题，就是如何能发明一种实用的电灯，造福人类。在酒席上，大家献计献策，豪情万丈，对于弧光灯和白炽灯谁优谁劣，争论不休，各执己见。为了纪念这次聚会，每个人用金刚钻在酒杯上刻上自己的名字。爱迪生的杯子后来一直珍藏在家里，上面刻着："托马斯·爱迪生于1878年9月8日刻于电光下。"

告别时，华莱士特地送给爱迪生一台直流发电机，还有一套他研制的弧光灯。

华莱士握着爱迪生的手，自豪地说："老弟，这是目前最先进的照明设备，你的门洛公园实验室使用它们，可以大放光明！"

"谢谢。"爱迪生说，"华莱士，我相信在制造电光设备上我能胜过你。你的弧光灯虽然亮，但依我看你的研究方向没有找准。"

"呵呵，"华莱士回答说，"我相信弧光灯，不相信白炽灯，不过我预祝老弟能够大功告成。"

华莱士说这话是有原因的。1873年，俄国有个叫罗德金（1847—1923）的青年工程师，研制出一种白炽灯。他用细炭条做灯丝，装在密闭的玻璃泡里，这大约是世界上最原始的电灯。由于解决不了寿命短的致命弱点，他最后破产了。因此，许多人对白炽灯的研究望而却步。三年后，俄国人亚布洛奇科夫改进了弧光灯，发明了电烛，一度很受欢迎。据说巴黎的大街、伦敦的剧场，还有柬埔寨的王宫都曾经闪耀过电烛的光亮。不过如前所言，从本质上说电烛还是一种弧光灯，只是稍微省些电罢了。

此次康涅狄格州的考察意义重大，它促使爱迪生确立了正确的研究目标。回到门洛公园，爱迪生立即投入研究。亨利·福特后来曾记录了爱迪生当时的描述：

回家后，我立即开始收集各种资料。这是煤气照明的时代。我弄到了煤气科技协会等团体出版的所有杂志。由于收集了所有资料，我了解了纽约煤气输送网的煤气分配情况。巴克教授曾建议我，研究如何把电光分成像煤气灯那样的小光源。我由此得出结论，把电光分小是可能解决的，而且在商业上也是可行的。我认为，为了推广白炽灯，白炽灯至少应在两个方面与煤气灯相同：一是白炽灯应有适中的照明度；二是每盏灯可以独立点燃或熄灭，不受其他灯影响。

爱迪生经过反复比较，决定研究白炽灯。他确信白炽灯成本低，耗电省，只要解决了寿命问题，最有成功的希望。爱迪生在笔记里写道：“我希望成就的是真正让大众能使用的电灯，它不是刺得人睁不开眼的弧光灯。我所希望的是亮度柔和的小型电灯，它能像输送煤气一样，架设到千家万户。”

门洛公园的攻坚战

menluogongyuandegongjianzhan

爱迪生正在做实验

从 1878 年 9 月开始，门洛公园研究所成了研究电灯的战场。爱迪生是总指挥，有 7 个经验丰富的人给他当助手。西部联合电报公司的律师雷洛，很看好爱迪生的电灯项目，游说了几个银行家参与投资。在他的鼎力支持下，爱迪生解决了研制的经费问题。也是在雷洛的建议下，后来成立了爱迪生电灯公司，以全力投入电灯的研制工作。

爱迪生首先遇到的技术难题，是不知道用哪一种材料做灯丝才能延长灯泡的寿命。他最先试用传统的炭条，但是一通电就断。接着,他又改用钌、铬等金属丝,通电以后,也不过亮了片刻就被烧断了。爱迪生再改用熔点高的其他金属丝做实验,灯泡的寿命还是不长。

几个月过去了,爱迪生的研究毫无进展。他用极大的毅力和耐心,试用了1600多种材料。各种金属、石墨、木材、稻草、亚麻、马鬃,都成了他的实验品。爱迪生用的实验方法,基本上属于试探法(或叫"穷尽法")。凡是能够想到的东西,他都找来实验。今天看来,这当然是一种笨办法,既有相当的盲目性,又要耗费大量的时间和材料,但是他那种百折不挠的精神确实叫人钦佩。更有意义的是,爱迪生的方法虽然笨,末了还是捷足先登,夺得了发明电灯的桂冠。

1600多种材料都试过了,经费也花得差不多了,实验还是没有成功。爱迪生一筹莫展。这时候,不但一般人认为爱迪生成功不了,甚至很多专家也觉得电灯的前途黯淡。英国一些著名的电器专家竟然公开讥讽他的研究"不过是荒唐无稽的梦呓"。纽约报刊的记者也落井下石,刊登采访记,说"爱迪生研制电灯的宏愿已成泡影"。

但是,爱迪生没有退缩,顽强地伏在这个"蛋"上,执意要把"小鸡"孵出来,要把明亮、实用的电灯研制出来。

经过艰苦的努力,爱迪生终于研制出一种用铂做灯丝的白炽灯。选用金属铂做灯丝的原因,是因为铂的熔点很高,而且富有延展性,容易拉制成细丝。

1879年4月,爱迪生申请了铂丝白炽灯的专利,专利号为214636。这种白炽灯的灯泡被抽成真空,灯丝为双螺旋形铂丝,与引入的电极采用特殊方法连接。可是,经过一段时间的试用,爱迪生发现铂丝白炽灯的寿命很短,而且铂的价格昂贵。美国当时还未开采铂,材料要靠进口解决。当时铂的价格是一盎司12美元,算下来一个铂丝灯泡的价格竟高达98美元!

于是,爱迪生最终放弃了铂丝白炽灯,转而寻找其他途径,重新开始实验炭丝。

啊,电灯!

a diandeng

爱迪生和助手们经受着严峻的考验。他们把自己关在实验室里,夜以继日地埋头苦干,实在困倦了,就在实验室的桌子上躺一躺。爱迪生虽然身强力壮,但是因为劳累过度,两眼常常布满血丝,显得疲惫不堪。

爱迪生在休伦港车站学电报的时候,麦肯基站长热心地教他学电码。爱迪生建立门洛公园研究所以后,特地请麦肯基到研究所里来工作。这时,麦肯基已经上了年纪,实际上做不了多少事,爱迪生聘请他来,不过是为了报答他的情谊,让他挂个闲职养老罢了。麦肯基是苏格兰人,长着红棕色的头发和胡子。有一天,爱迪生正在为灯丝材料苦思冥想,忽然看见了麦肯基的红胡子,不由眼睛一亮。他问麦肯基,为了电灯实验能不能借用一样东西。

麦肯基明白爱迪生看中了他的胡子,立刻剪下一撮来。爱迪生怀着极大的兴趣挑选了几根粗胡子,先进行炭化处理,然后装进灯泡里做实验。这时,他已经设计出一种新的抽气机,灯泡的真空度有很大提高。

实验结果表明,用胡子做灯丝,效果也不理想。麦肯基找到爱迪生,把胸口一拍说:"再试试我的头发吧!"爱迪生说,头发和胡子的性质一样,没有采纳。但是,麦肯基的献身精神是感人的,爱迪生深情地望着麦肯基,目光偶然落在他的粗线外套上。爱迪生立刻对助手喊道:"快!找一卷棉线来。"麦肯基听了,毫不犹豫地解开外套,从里层撕下一大截粗线递给爱迪生。助手们看见爱迪生接过棉线时的激动神情,每个人的脸上都露出了兴奋的神色。他们知道,每当爱迪生作出重要决定的时候,他总是这种表情。

爱迪生先把棉线放在密闭的U形坩埚里,再把坩埚放进火炉,用高温处理。等棉线炭化以后，让它冷却，然后用镊子取出来。大家目不转睛地看着他操作。炭化后的棉线又细又脆，加上爱迪生过于紧张，开始几次都被碰断了。直到第三天傍晚，他们才成功地把炭丝装进了灯泡。这时，夜幕已经降临。一个德国籍的玻璃专家按照爱迪生的吩咐，把灯泡里的空气抽到只剩下一个大气压的百万分之一后封上了口。这为爱迪生的成功提供了先决条件。

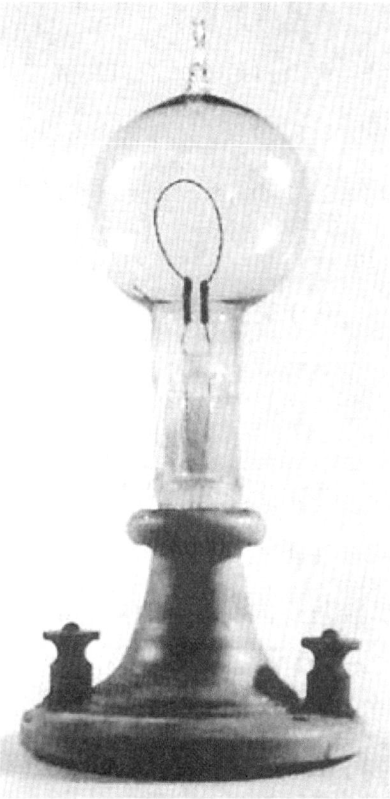
爱迪生发明的电灯

爱迪生接通电流，他们日夜盼望的情景终于出现在眼前：灯泡发出了金色的亮光！爱迪生和助手们无比惊喜，他们忘记了 13 个月来的失败，忘记了连续苦战的疲劳，一直守着这盏电灯。这一天是 1879 年 10 月 21 日，后来就把这一天定为电灯发明日。连续照明 45 个小时以后，这盏电灯的灯丝才被烧断，这是人类第一盏有实用价值的电灯。

爱迪生在门洛公园实验室的记事本上，记录了当时的情景：

> 经过许多次失败的实验后，我于 1879 年 10 月 21 日成功地炭化了一根棉线，并使它成为马蹄形。我把它放进一个密闭的玻璃灯泡里，灯泡里的空气被抽到大气的百万分之一的稀薄度。我打开了这盏电灯，并马上测量了电阻：电阻是 275 欧姆。这正是我们所力求达到的！后来，我们就坐下来观察这盏电灯。

我们很想知道，它能亮多长时间。如果能证明电灯使用寿命长，那么问题就算迎刃而解了。我们坐着，观看着，电灯继续亮着。它亮的时间愈长，我们就愈高兴。我们当中没有一个人愿意去睡觉，大家已连续 48 个小时没有合眼了。我们的心情越来越振奋，坐在那里注视着电灯。电灯整整亮了 45 个小时。因此我确信，合乎实用要求的电灯终于诞生了……

1879 年 11 月 1 日，爱迪生向美国专利局申请了炭丝白炽灯专利。在这份专利申请书上爱迪生写道：“一根棉线经过炭化以后，置于百万分之一大气压的真空玻璃灯泡中，就可以对通过的电流保持 100 — 500 欧姆的电阻，在极高温度下能保持绝对的稳定。”1880 年 1 月 27 日，美国专利局批准了爱迪生的炭丝白炽灯专利，专利号为 223898。

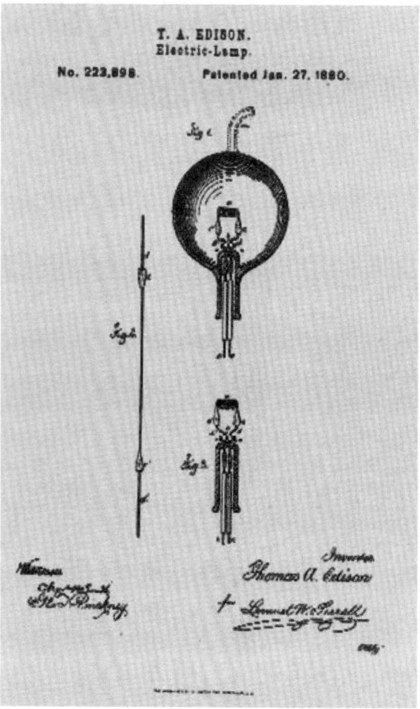

爱迪生申请电灯的专利图

1879 年 12 月 21 日，《纽约先驱报》发表题为《伟大发明家在电气照明发明的辉煌成就》的专题文章，用整版篇幅报道了电气照明的简史和爱迪生发明白炽灯的曲折经过。仅看文章的部分小标题，其内容的精彩就可以想到：“爱迪生之灯”“伟大的发明家在电气照明发明的胜利”“15 个月的汗水”“棉线的成功”“在炉中的转换”“成功的炭丝白炽灯的构造”“魔术师的喜剧”“不用煤气，不出火焰，价比油廉，然而却光芒四射”……

爱迪生读到《纽约先驱报》的报道，

备受鼓舞，决定尽快向公众展示这项新发明。他要求在年底之前造出几百个炭丝白炽灯，并完成配电系统。只有 10 天，时间非常紧迫。门洛公园实验室立即投入紧张的工作。在爱迪生的带动下，60 余名工人夜以继日，加班加点，终于圆满地完成了任务。

1879 年的最后一天，门洛公园的实验室、办公室、住所都装上了电灯。门洛公园四周的街道上，也架起了电线杆，装上了电灯。这是世界上第一个白炽灯照明系统，配电设备是爱迪生自备的发电机。

1880 年新年之夜，在大雪纷飞中，宾夕法尼亚铁路公司的火车载着 3000 多人，来门洛公园参观。他们当中有学者、商人、银行家、参议员、新闻记者，还有很多观光者，都来自纽约。当第一班火车进入门洛站时，爱迪生合上了电闸。霎时间，从火车站到门洛公园的街上和门洛公园里的电灯同时点亮。700 盏白炽灯泡大放光明！

从火车上下来的人们，目睹到这一奇观，顿时惊呆了。

迎接他们的是一片灯光灿烂的辉煌景象。门洛公园前的树干上，挂满了闪亮的电灯，望过去宛若一条“白光大道”。无论是应爱迪生邀请前来的贵宾，还是慕名而来的观光客，都欣喜若狂。

爱迪生在实验室里分批接待前来参观的客人。他穿着一套旧工装，一边关注机器的运转情况，一边给大家讲解电灯的奇妙原理。实验室里的参观者络绎不绝，人群中不时地发出赞叹。

“这灯泡的光这么柔和，太神奇了！”一位绅士说。

“好漂亮啊！”一位淑女赞叹道。

“这个烧红的发夹，怎么装进玻璃泡里的？”一位老先生把灯丝当成了“烧红的发夹”。爱迪生忍俊不已。

《纽约先驱报》的专栏记者，当着众人的面恭贺爱迪生取得的成功。

爱迪生回答说："谢谢大家的厚爱，称赞我的发明是一项伟大的成功。可是我愿意告诉大家这尚在研究中，在灯泡的寿命没有到达600小时之前，还不能算成功。"

"啊，600小时！"

"弧光灯只有几小时的寿命呀！"

参观者又是一阵惊叹声。

这次门洛公园展示会取得了巨大成功。不过，期间发生了几个饶有趣味的小插曲。虽然有标牌警告："发电室重地，请勿入内"，但还是有些好奇心超强的客人擅自闯入，结果戴在手腕上的表被磁化不走了。一个金发女郎俯身看发电机时，头上的发夹坠落在地，差一点掉进发电机里，引起了一场虚惊。展示会结束时，工作人员发现有几个陈列的电灯不翼而飞。多半是被经不起诱惑的参观者顺手牵羊了。

参观者中还有一位心怀不轨的电工学家，他在衣服里藏着电线，趁人不备时抽出电线头接在供电线上，造成线路短路，其目的是造成电灯熄灭，他因此可以散布流言蜚语，说爱迪生的电灯照明装置可以轻而易举被破坏。此人没想到实验室线路装有保险丝，他只不过使4盏一组的电灯熄灭，结果当场被工作人员逮住。门洛公园研究所只披露了这个捣乱者毕业于霍普金斯大学，没有公布他的大名，说不定他是煤气公司派来的间谍。商场如战场，什么事情都可能发生。

爱迪生没有陶醉于取得的成功。为了进一步延长电灯的寿命，他继续寻找更有效的灯丝材料。爱迪生派出20多人到世界各地，去寻找合适的材料。他们分头探索，有时乘船、坐车，有时步行跋涉，足迹遍布巴西、乌拉圭、阿根廷、秘鲁、哥伦比亚、英国、印度、缅甸、马来西亚、中国、日本等地。两个春秋过去了，爱迪生和助手们先后对世界各地6000多种植物的纤维进行实验，最后发现日本的竹子比较理想。电灯的寿命提高到了1200小时。1882年初春，第一批实用的电灯终于问世。

功夫不负有心人。爱迪生后来回忆说："在电灯研究取得突破性进展之前，我设想了不下3000种各不相同的原理，涉及电灯的制作方法。我并不是说大话，每种原理似乎都可能转化为现实。可是，我在实验中只证实了其中有两种行得通。在确定炭丝最有效后，我又用了6000种材料来做炭丝，以决定哪一种最好。"

爱迪生与电灯(《时代周刊》封面)

为了普及电灯，爱迪生决定建立一座工厂，专门生产实用的电灯。1880年10月，爱迪生在门洛公园附近买下一个旧工厂，改建成电灯厂，开始批量生产。这是世界上第一家生产白炽灯的工厂。白炽灯终于走出实验室，开始进入寻常百姓家。1881年，爱迪生把生产白炽灯的工厂从门洛公园附近迁到新泽西州哈里森城。当年工厂卖出2万多个灯泡。到1882年，爱迪生电灯厂的年产量已达10万个，每个灯泡售价70美分。10年后，灯泡年产量达到400万个。到1903年，年产量已达到4500万个。

顺便提一下，英国人约瑟夫·斯旺(1828—1914)早在1878年就在英国获得第一个白炽灯的专利。斯旺在1860年发明了白炽灯的原型——半真空炭丝电灯，由于受真空技术的限制，电灯寿命不够长。1875年，斯旺改进了他的发明，成功地制造出真空炭丝电灯，1878年早于爱迪生一年获得白炽灯的英国专利权，并开始在英国建立公司，在各个家庭安装电灯试用。1879年经改进的灯泡，寿命可持续13个小时。由于专利方面的争议，1883年10月，爱迪生在英国的电灯公司与斯旺电灯公司合并，成立了爱迪生－斯旺电灯联合公司。不过，后来斯旺把他的权益及专利都卖给了爱迪生。

开创电气时代

kaichuangdianqishidai

要让电灯走进千家万户，仅仅有电灯还不行，必须配备照明的供电系统。爱迪生在研制白炽灯的同时，就开始研究配套的发电机。

1879年初，爱迪生研制出第一台性能优良的发电机。负责这个项目的助手名叫厄普顿，是普林斯顿大学的研究生，还在德国留过学，攻读理论物理，是门洛公园研究所理论水平最高的人。经过半年的努力，发电机研制成功，这是门洛公园研究所取得的一项重大成果。由于这台机器有两个高近1.5米的铁柱，工友们戏称它为“长腿玛丽·安妮”。

这两根铁柱之间有一个绕着铜导线的空心旋转柱体，在机器的底部形成强大的磁场。一台蒸汽机通过履带和滑轮与发电机连接，以带动发电机旋转。据说“长腿玛丽·安妮”是当时最先进的发电机，效率高达80%以上，而在此之前的发电机效率只有60%。

1880年新年夜，点亮门洛公园700盏电灯使用的发电机，就是“长腿玛丽·安妮”。爱迪生还独出心裁，在门洛公园铺设了一条总长500多米的电气铁路。这条铁路沿着一条乡间道路伸展，绕过一座土丘，然后呈U字形转回实验室。电流由两台“长腿玛丽·安妮”发电机输入铁轨,第三台“长腿玛丽·安妮”经改良后装在机车上做驱动马达。整个列车共有3节,时速64千米。由于道路不平,车厢简陋笨重,列车行驶时一路哐啷哐啷直响。有一次试车时,在一个转弯处列车脱轨翻了车,车上的乘客被摔了出去,所幸只有司机脸上挂了花。爱迪生从地上爬起来,笑着安慰大家道:“这是一个有趣的意外事件!”爱迪生实验电气火车并不是搞着玩的。尽管它外形不漂亮,但这是美国第一辆电气机车。1880年7月22日,爱迪生正式申请了电气机车的专利,后获批准的专利号为265778。

爱迪生的第一台发电机(1879年10月18日《科学美国人》的插图)

不过,这个时期爱迪生的主攻方向,还是电灯照明。

爱迪生预见,推广电灯照明将是一个规模很大的产业。按照当时的规定,只有符合纽约煤气公司管理法的公司才有资格从事照明业务。为了适应业务发展的需要,1880年12月17日,爱迪生成立了纽约爱迪生电力照明公司。

1881年2月,爱迪生将总部迁到纽约第五大街。他租下第五大街65号的一幢四层楼房,作为爱迪生电力照明公司在纽约的总部。这是一幢漂亮的大厦,外墙用棕色石块砌成。这标志着爱迪生发明事业的活动重心,从门洛公园转向了纽约。第五大街是纽约曼哈顿区的中央大街,是纽约著名的商业中心,也是美国大都会时尚和成功的标志。这里高楼林立,寸土寸金。

爱迪生踌躇满志,对记者说:“现在我们在全世界都有名了。我还记得10

爱迪生在纽约珍珠街发电站组建的电力照明系统

年前，刚从波士顿到这里的第一个晚上，我身无分文，只得在街上游荡。但是现在，你们瞧，我在第五大街有了一整幢房子！”

爱迪生将在这里大展宏图，那就是要用电灯点亮纽约，进而点亮全世界。

爱迪生在位于曼哈顿南区珍珠街的255—257号买了两幢房子，来建发电站。255号楼是办公室、储藏室、电站工作人员卧室，257号楼用来安装发电机、蒸汽机和锅炉。为了保证能承受得起这些重型机械的重量，他们特地对房子进行了钢筋加固。爱迪生把发电站的地址选在珍珠街，是因为这里靠近华尔街金融区。只要电灯在这里实验成功，就能吸引那些金融家们投资。有了他们的支持，电灯很快就能得到普及。建珍珠街中央发电站，总共花费了大约60万美元。全部器械、设备和部件，都是爱迪生他们自己设计制造的。中央发电站装设了6台“大象”直流发电机。这种发电机比“长腿玛丽·安妮”更强大，分别由三台蒸汽机来带动。

1881年6月，爱迪生为巴黎世界博览会提供了一套重27吨可供1200个电灯照明的发电设备，爱迪生被推为博览会荣誉团的长官之一。

1882年9月初，珍珠街中央发电站落成。9月4日，举行了隆重的落成典礼。

这天下午2时45分，珍珠街255号大楼里弥漫着紧张的气氛。这座大楼成了爱迪生整个电力照明计划的心脏部门。

在不远处华尔街的摩根大厦里，大银行家J.P.摩根办公室里的气氛也是一片紧张。爱迪生电力照明公司的董事们，不时地掏出怀表瞥上一眼，然后一齐望着屋子里悬挂的白炽灯泡，等待着庄严的一刻。灯泡连接着设在地底下通往珍珠街中央发电站的电线。下午3时，珍珠街的发电机将启动。按照计划，曼哈顿南区包括摩根大厦和《纽约时报》编辑部在内的25座建筑里的800盏电灯，将一起亮起来。

它们会亮吗？

爱迪生身穿带硬领的崭新外套，精神抖擞，在摩根办公室里来回踱步。他心里明白，此时此刻，不仅是身边这些董事们，还有咄咄逼人的煤气公司老板、其他的竞争者、犀利的媒体记者、好奇的城市居民——整个纽约都在等着瞧。

他必须战斗，不能退缩，只许成功，不能失败。

所有的时钟和表，指针一秒秒指向3时整。所有人的眼睛又转向了悬挂的

爱迪生珍珠街发电站全景图（1890年绘）

灯泡。一刹那,时间仿佛停止了。

接着,灯泡里卷曲的灯丝发出了亮光。眨眼间,灯光变强,灯泡顿时大放光明。点亮纽约的伟大照明工程终于成功啦!人们欢呼雀跃,把爱迪生举了起来,抛向空中。就这样,一个新的时代开始了。

爱迪生万分激动。记者们围住他采访,问他有何感受。

爱迪生说了一句话:“我实现了我所有的诺言。”

有评论说,这与他向报界说的许多话不同,这句话不是吹牛,而是不加修饰的大实话。珍珠街的灯火通明象征着他的成功达到了顶峰。

夜幕降临了,在纽约曼哈顿南区,商店、写字楼、报纸编辑部、私人住宅里,所有的电灯都发出了柔和、灿烂的光芒。爱迪生早已脱下礼服,换上沾满油腻的工装,和工人们一道又忙碌了起来。

爱迪生后来回忆当时的情景说:“珍珠街发电站是我干过的规模最大、责任也最大的工程。这个工程至关重要,成功意味着全世界都接受我们的中央电站计划;失败则意味着损失钱财和信誉,我们的企业将面临着倒闭。对于那天发生的一切,我所记得的只是我整个晚上都在对我的人员进行训练,仔细检查每一个环节。……如果说我一生中曾经绞尽脑汁的话,那就是那一天了。”

1882年秋天,珍珠街中心发电站正式向纽约用户供电。最初只有两百户人家使用电灯。人们对新发明都有个接受过程,对电灯也不例外。爱迪生供电所给用户架好电线后,一夜间都被割断了,因为很多人看见电线纵横在空中,害怕把雷电引下来伤人。其实,电线和打雷完全是两码事,市民产生恐惧,主要是由于缺少电的知识。第二天晚上,爱迪生研究所的人员不得不全体出动,沿街巡逻,保护电线。他们还找报馆协助,宣传电灯的好处和安全常识。为了扩大用户,爱迪生甚至宣布,凡是愿意用电灯的人,可以免费使用3个月。

尽管采取了这些措施,用电灯的家庭还是不见增多。这是怎么回事呢?爱迪生带着研究所的人员，挨家挨户地征求意见。原来，爱迪生他们采用串联的供电方式，如果一户发生故障，全部用户的电灯就会一齐熄灭，而且各家的电灯不能随便开关，要由发电所统一控制。如果让用户自己控制，那么整个线路就会断开，造成一片黑暗。煤气公司本来就担心电灯会抢煤气灯的生意，更是抓住这些缺点百般诋毁。再加上习惯势力的影响，一般市民大多保持观望的态度。

但是，正像电报、电话的经历一样，凡是造福人类的新发明，最终一定会得到社会的承认和欢迎。爱迪生后来把串联的供电方式改成了并联的供电方式，解决了使用中的实际问题。他们还研制了稳压器、开关、接线盒、绝缘带和保险丝等一系列配件，保证了电灯的设备能够配套使用。纽约市民渐渐感到了电灯的好处，用户也一天天多起来。到珍珠街中心发电站建成一周年时，用户已发展到 431 家，电灯总数超过 1 万盏。几年以后，电灯完全取代了煤气灯。

1906 年，年届花甲的爱迪生又对电灯作了改进，采用了效能更好的钨丝，使电灯质量大大提高。直到一百年以后的今天，我们使用的灯泡仍然采用钨丝。

电灯是 19 世纪末最著名的一项发明，也是爱迪生对人类最辉煌的贡献。希腊神话中说，普罗米修斯给人类偷来了天火，爱迪生却把光明带给了人类。

KEXUE JUREN DE GUSHI

天才出于勤奋

交直流大战

jiaozhiliudazhan

白炽灯的发明和普及，使爱迪生成为美国电业大亨和世界知名的发明家。但是，爱迪生的照明系统采用的是直流电，存在着先天的缺点。由于输电线路的损失功率等于负荷电流的平方乘以导线阻抗，为了减少功率损耗就要减小电流，若功率一定，就意味着要提高电压。但直流电的电压只能局限在 250 伏特以内，如果超过这个标准就会烧毁灯丝或危及用户安全。正是这个原因，直流电输送的距离较短。一个住宅区里的照明灯如果和发电站的距离超过 1 千米，就无法得到足够的电流发出光亮。为了实现远距离输电，必须每隔 1 千米建造一座发电站或者增加发电机的功率，这无疑大大增加了供电成本。

于是有人设想：能不能将电压提高，以利于远距离输电，然后在输入用户之前再将电压降下来。如果用直流电，肯定做不到这一点，但是如果采用交流电，就有可能实现。

交流电是指大小和方向都发生周期性变化的电流，容易升降压，这一特点正好适合实现高压输电。例如使用结构简单的升压变压器，即可将交流电升至几千甚至上万伏特，从而使电线上的电力损失极少，在输入用户之前再降低至 250 伏特以内来供用户安全使用。交流电的设想虽然新颖，但要实现并不简单。从早期的莱顿瓶、伏打电堆，到华莱士和法默、爱迪生，都是根据法拉第的电磁感应原理造出的发电机，产生的电流都是方向不变的直流电。要得到方向和大小周期性变化的电流，在技术上很难实现。19 世纪 80 年代初期有人作过尝试，但未获得成功。

1884 年 6 月，有个塞尔维亚青年发明家给爱迪生送来一份厚礼，那就是

"用交流电取代直流电的设计"。

这个塞尔维亚年轻人是个科学天才,名叫尼古拉·特斯拉。

特斯拉1856年生于前南斯拉夫克罗地亚,父亲是位博学的牧师,还是位自然哲学家,母亲出生在一个发明世家,是打蛋器的发明者。特斯拉从小就喜欢动脑筋,酷爱读书,用他自己的话说,"从17岁起就把全部精力放在发明创造上"。他19岁进入奥地利格拉茨科技大学,攻读电机工程,掌握了深厚的理论知识。特斯拉还会说英语、法语、德语、意大利语、捷克语、匈牙利语、克罗地亚语、拉丁语等8种语言,是个旷世奇才。

1882年,特斯拉去巴黎寻求发展,在爱迪生法国分公司担任工程师,负责设计改进电器。就在这时,特斯拉开始涉足交流电的研究。特斯拉发现,直流发电机产生的磁场不可能使交流发电机运行,因为当电流改变方向时,磁场会随之改变强度和方向,发电机不可避免地停止转动。于是特斯拉根据严谨的数学分析,另辟蹊径,设计了两个异相交流电换相器,以保证有充分而强大的电流使发动机运转。经过一年的潜心研究,特斯拉造出了世界上第一台交流发电机的模型。这是电气技术划时代的突破。

当时担任爱迪生法国分公司总经理的是爱迪生最得力的助手巴彻勒。巴彻勒非常赏识特斯拉的才能,特地推荐他到纽约总部工作。

6月的一天,特斯拉怀里揣着巴彻勒的推荐信,走进了纽约第五大街爱迪生的办公室。两人会见的一刻,颇有点戏剧性。

特斯拉对爱迪生是慕名已久,敬佩有加。面前的这位传奇人物只上过三个月小学,却发明了几百种有用的产品,而自己啃了多年书本,却一事无成。他非常盼望得到爱迪生的器重,为爱迪生公司效力,同时也为自己的专业技术找到用武之地。

爱迪生才37岁,头发已经花白,身上穿着一件由他太太亲手缝制的方格花布罩衫,面带疲惫之色,只有那双眼睛透着锐利和机敏。

特斯拉

“先生，我是法国分公司的工程师特斯拉。”特斯拉自我介绍,“这里有一封巴彻勒先生的信。”

“巴彻勒,呃?巴黎出什么事了吗?”爱迪生问。

“没听说出什么事,先生。”

特斯拉察觉到爱迪生有点耳背,于是提高了音量。

爱迪生看了巴彻勒简短的介绍信,嘴角露出了讪笑。巴彻勒在信里写道:“我认识两个伟人,其中一个是你,另一个就是这个年轻人!”

爱迪生打量了特斯拉一眼,这个比他小 9 岁的年轻人,头戴高顶黑色圆礼帽,身穿前摆斜切的黑色燕尾服,长得又高又瘦。

他讥讽道:“哼!‘我认识两个伟人,其中一个是你,另一个就是这个年轻人!’这也算是推荐?说说看,你究竟能干什么?”

特斯拉介绍了自己在法国分公司从事的工作。没等爱迪生有所回应,他又大谈自己有个奇特的设计,可以实现“用交流电取代直流电”。

“整个设计的理论基础是旋转磁场,”特斯拉滔滔不绝地说,“简单地说,就是不管电流方向如何改变,都要让磁场不断地旋转,这样就能保证电流不会停止……”

爱迪生的反应冷淡,显然对他的理论不以为然。

特斯拉不善于察言观色,继续兴冲冲地说:“用交流电取代直流电,是未来的大趋势。一个精明的人,可以靠它赚到万贯家产。”

可是,新老板对特斯拉送上的厚礼并不领情。

“打住!”爱迪生打断了他的话,不悦地说,“我不想听这些废话。这是危言耸听。你知道吗,我靠直流电已经赚到了万贯家产。在美国,我们就搞直流电,要一辈子搞下去。”

特斯拉不吭声了,表情有点尴尬。

既然是巴彻勒推荐来的,爱迪生还是给了他一个面子。

“也许我能给你找份工作。”爱迪生说道,“你会修理船上的照明设备吗?”

特斯拉回答:“没有问题。”

当时有艘“俄勒冈号”轮船上的爱迪生发电设备出了故障,在纽约港抛锚了。船长很着急,催了几次要求派工程师前去维修。爱迪生一向看重实干能力,不相信空洞的理论。是骡子是马,正好把特斯拉“拉”出去试试。

当天下午,特斯拉就带着工具登上了“俄勒冈号”轮船。经过检查,他发现发电机严重失修,有多处漏电和短路。特斯拉干了一个通宵,把全部故障都修理好了。

爱迪生这才相信巴彻勒推荐的是个能人。他安排特斯拉到技术部工作,处理工厂生产上的一些技术问题,并允许特斯拉可以完全自由地搞设计。

特斯拉工作很勤勉,每天从上午10时半一直工作到次日凌晨5时。据说爱迪生曾称赞他说:“我有过很多工作勤奋的助手,但你是最玩命的。”

如果按这种情形发展下去,也许两个天才有一天会成为朋友或最佳搭档。说不定特斯拉的执着会感化爱迪生,改变他对交流电的反对态度。可惜的是,不久发生的一个意外“冲突”,导致了特斯拉与爱迪生彻底分道扬镳。

事情的起因是,特斯拉找到了改进爱迪生直流发电机的方法,他告诉爱迪生说,如果按他提出的方案进行改造,不仅能提高直流发电机的性能,还能节省一大笔钱。

爱迪生意识到特斯拉提出的方案意义重大，不过要完成并不容易。他随口说道："真的吗？如果你成功了，我奖励你5万美元。"

特斯拉备受鼓舞，疯狂地工作了几个月，几乎没有睡过一个安稳觉。他不仅重新设计了24台发电机，还作出了重大改进，安装了自动控制系统。花了大半年时间，发电机改造终于完成。

特斯拉喜气洋洋，向爱迪生报告大功告成。他正儿八经地问老板："先生，我何时能领取5万美元？"

不料，爱迪生咧嘴笑道："特斯拉，你不懂我们美国人的幽默哦。"

"你这是什么意思?!"特斯拉怔住了。

老板表示那不过是个玩笑，特斯拉却强烈地感到自己被骗了。他愤怒地提出要辞职。爱迪生安抚道："这样吧，我把你每周18美元的薪水，再增加10美元，如何？"

心高气傲的特斯拉拿起他的高顶黑圆帽走了出去，从此与爱迪生"拜拜"，独自去打天下了。

有人说，特斯拉与爱迪生的分道扬镳带有一定的必然性，这或许有道理。他们其实是两种不同类型的发明家。特斯拉书卷气浓，精通数学，懂电气理论，富有教养。他善于在理论的指导下进行研究，他的目标往往很准。爱迪生却不一样，他理论不够，擅长凭经验一个个筛选目标，最后才找到金娃娃。他是一个不折不扣的实践家。所幸的是，爱迪生靠这股百折不挠的韧劲获得了许多来之不易的成功。

特斯拉后来曾打趣地说："如果一根针掉到了一堆稻草里，爱迪生会立刻扑到草堆上，像辛勤的蜜蜂一样逐堆寻找，直到发现自己所要找的东西为止。很抱歉，我亲眼见到他就是这样干的。而实际上，只要知道一点点理论和计算，就可以省去百分之九十九的劳动。"

大放光明的特斯拉(版画)

特斯拉离开爱迪生公司后,1888年得到企业家乔治·威斯汀豪斯的支持,成功地研发出交流电电力传送系统,并于同年获得"交流电发电机"的美国专利。

一个交流电时代的大门终于被他打开了。

特斯拉设计的交流发电机比当时的直流发电机体积小,性能优越,而他发明的变压器又解决了远距离输电中的固有问题。利用变压器,可以将输入线路的电压提高,在送入用户之前,再把电压降下来即可。由于交流电的效能比直流电优越,因此交流电开始被广泛采用,并慢慢取代了传统直流电的位置。

这时候爱迪生才意识到,当初拒绝特斯拉的建议是个严重失误,而自己将要面对的竞争对手又是何等强大。

在利益驱动下,爱迪生公司开始了一场针对交流电的中伤诋毁活动,包括发行题为《当心》的小册子,宣传交流电的种种"危险",向媒体演示用1000伏高压交流电击毙小猫、小狗,以及在监牢里鼓动用交流电电椅执行死刑,以造成公众对交流电的恐惧心理。

作为对爱迪生宣传攻势的反击,特斯拉也在舞台上进行了很多真正的"电魔术"表演。除了使人们为之惊叹,特斯拉的另一个目的就是向世人传播交流电的理念:当不被用在故意犯罪的目的时,交流电是非常安全的。

当这场交直流大战愈演愈烈时,芝加哥正在筹备世界博览会,主办者希望寻找一套可以照亮整个会场的照明设备。威斯汀豪斯的西屋公司以超低的报价拿到了合同。1893 年 1 月博览会开幕了,9 万多盏由特斯拉的交流电点亮的电灯照亮了整个会场。交流电获得了巨大的成功。

1895 年,在尼亚加拉大瀑布建造了世界上第一座水力发电站,西屋公司的交流电系统由于经济实惠和便于制造被选中。发电设备用了 3 台特斯拉的交流发电机,每台的功率为 110 千瓦。发电站建成后能将电流传输到距发电站 35 千米外的纽约州水牛城。这一轰动美国的重大事件,宣告交流电彻底战胜了直流电。

爱迪生也不得不接受这个残酷的现实。从那时起,交流电便成为工业、商业和民用电的唯一选择。后来,人们为了纪念特斯拉的贡献,在尼亚加拉大瀑布旁的公园里竖立了一尊特斯拉的铜像。

从不言败

congbuyanbai

在交直流大战中败北,对爱迪生来说是一个沉痛的教训,但这无损他作为发明家的伟大。伟人不是完人,也难免会有失误。

1884 年 8 月 9 日,爱迪生的妻子玛丽因患伤寒而去世。结婚 11 年来,玛丽对爱迪生的照顾无微不至,他们生育了三个孩子:长女玛丽安、长子托马斯、次子威廉。如今她撒手人寰,令爱迪生悲痛不已。年幼的孩子需要照顾,被送到纽约的外祖母家代管。门洛公园昔日的温馨不再,爱迪生感到从未有过的孤寂。

爱迪生的第二位妻子米娜

两年后，爱迪生遇到了米娜·米勒。这是一位娴静的知识女性，刚从波士顿女子师范学校毕业。爱迪生在一个老友家里见到她，两人很投缘。在老友夫妇的热心张罗下，1886 年 2 月，爱迪生与米娜·米勒喜结良缘。孩子们有了新妈妈，家里又有了温暖。

婚后第二年，爱迪生把实验室从门洛公园迁到新泽西州的西奥兰治，开辟新的事业。这一年，爱迪生正好 40 岁。

爱迪生的发明生涯，大体可分为三个阶段。纽瓦克工厂为第一阶段，主要成果是对莫尔斯电报机的一系列重大改进；门洛公园为第二阶段，是爱迪生发明的黄金时期，爱迪生一生中最重要的发明留声机、电灯等，就是在门洛公园问世的；西奥兰治为第三阶段，是爱迪生发明多元化、全方位的时期。这一阶段时间最长，主要成果有：圆盘式留声机、电影放映机、有声电影、蓄电池、选矿机、鱼雷机械装置、潜望镜、从植物中提炼橡胶等。

迁到西奥兰治的第二年，爱迪生改良了圆筒式留声机，用圆盘唱片取代了圆筒，并取得了关于留声机的专利权 80 余份。

1889 年，巴黎举办世界博览会。8 月 3 日，爱迪生应法国总统的邀请，偕夫人米娜和长女玛丽安到巴黎参加世界博览会，受到空前欢迎。8 月 19 日，爱迪生会见了法国摄影家马雷博士，并一起探讨了活动电影的可能性。

爱迪生成了家喻户晓的大发明家。有一回，一个朋友当面称赞他是天才，爱迪生笑了笑说:“天才,不过是百分之一的灵感加上百分之九十九的汗水!”了解爱迪生的人都知道,这确实是他的心里话。

爱迪生经常每天连续工作 20 个小时,因此在他留下的许多照片中都是面带倦容的。他的许多发明都经过了成千上万次的失败。他的每项发明都是心血的结晶,都是通过大量艰苦劳动取得的。

爱迪生把整个身心都扑到了发明创造上,实验和研究成了他的第二生命。他的发明一个接一个地问世。发明电灯后不久,他在转盘画玩具的启发下,又发明了电影机。爱迪生亲昵地称它是“留影机”。当然,电影的发明人远不止爱迪生一个人,他的主要贡献是使电影走出了实验室。1893 年,爱迪生实验室的庭院里建起了世界上第一座电影摄影棚。

1894 年春天,爱迪生在纽约百老汇大街上公开展出了他发明的“电影视镜”。这种电影是装在小匣子里的,每次只能一个人看,相当原始。但是在爱迪生展映当天,却引起了轰动。百老汇大街被挤得水泄不通,人们都想先睹为快。后来,经过法国卢米埃兄弟和许多研究者(包括爱迪生)的共同努力,电影才被搬上了银幕。

1903 年,爱迪生的公司摄制了第一部故事片《列车抢劫》。电影的出现,丰富了人们的文化生活,也促进了文学艺术的发展,无论在技术史还是文艺史上都是一件大事。

爱迪生夫妇

在西奥兰治的这段时期,爱迪生的事业经历了许多挫折，但是他从不言败，顽强地渡过了难关，重振雄风，继续向前。

1891年，爱迪生在新泽西州北部塞塞克斯郡买下了一座矿山，采用自己发明的电磁选矿法开采铁矿。为了减轻劳动强度，提高效率，他还设计了配套用的大型碎石机、研磨机和爱迪生选矿机。铁矿的经营起初不错，最好的时候每天可产1500吨铁矿砂。

但是到了1898年，在明尼苏达州发现了储量巨大的富铁矿，矿石品位高，而且可以露天开采，铁价因此下降了将近一半。爱迪生的铁矿厂只能亏本经营，最后被迫关闭。爱迪生八年的心血付之东流，亏损了400万美元。

遭此沉重的打击，爱迪生并不气馁。他对朋友说："没有什么好后悔的，只当是又学到一门学问，而且曾经对社会作过贡献。至于欠债，用工作来偿还就好了。"

爱迪生预见建筑业对水泥的大量需求，转而经营水泥制造。他组建了爱迪生水泥工厂，开始生产水泥。爱迪生利用开矿积累的经验，对整个水泥制作过程实现了机械化。他还设计了长达50米的美国第一台大型水泥转窑，比普通水泥窑的产量提高了一倍，并大获成功。不到三年时间，爱迪生就还清了开采铁矿的全部债务。

1900年，53岁的爱迪生又开始向另一个技术难关进军。随着科学技术的发展，活动电源的需求量越来越大。原有的铅硫酸蓄电池因为寿命短，适应不了新的需要。爱迪生决心试制一种新的蓄电池。

这又是一场艰苦卓绝的持久战。爱迪生动员了所有的人力、物力，花了9年时间，实验了9000多种材料，历尽波折，最后才实验成功镍铁碱性蓄电池。在研制过程中，爱迪生失败了不下5万次，连他的助手都不能坚持了，但是他却坚韧不拔，毫不动摇。他常常说的一句话是："无法可想的事是没有的。"在他看来，任何问题都有解决的钥匙，关键就在怎样找到它！正是这种顽强的精神，使他成为世界上伟大的发明家。

1914 年，爱迪生又遭遇了一次意外之灾。12 月 9 日，爱迪生的电影胶片车间因不明原因起火，整个西奥兰治实验室被烈焰焚毁，损失惨重。实验室大楼、厂房、机器全都付之一炬。据估算，火灾造成的损失高达 400 万美元——又是一座矿山！

爱迪生和他的改良型蓄电电池(《科学美国人》封面)

目睹大火吞噬后的废墟，夫人米娜心疼得泪流满面。

爱迪生搂着夫人的肩膀安慰道："亲爱的，别难过，人员没有伤亡就是万幸。"

第二天，爱迪生面对记者的采访充满信心地说："任何灾难都打不倒我，虽然我已经过了 67 岁，但实验室从明天开始就要重建。"

爱迪生说到做到。果然，西奥兰治实验室的重建工程，在一个月之内便竣工完成。爱迪生还新设了化工厂，开始自行制造苯、靛油等化学物品。

发明大王

famingdawang

作为一位世界发明大王，爱迪生的名声和人格魅力，吸引了许多有志者投奔到他的麾下。据说大文豪萧伯纳曾为爱迪生打过工，当然是在他年轻的时候。爱迪生公司当时在英国推销改良的“爱迪生电话”，萧伯纳应聘当推销员，工资每周10美元，不过他没干几个月就跑去写剧本了。

为爱迪生服务过的还有两位精英，后来都成了世界名人。这两个人物，一个就是前面说到的特斯拉，另一个是汽车大王亨利·福特。福特1863年出生于一个普通的爱尔兰移民家庭，自幼对机械感兴趣，靠自学成为优秀的技师，后在底特律爱迪生照明公司当机械师。1896年8月的一天，爱迪生在纽约召开公司的业务会，福特从底特律赶来参加。这是福特第一次见到爱迪生，当时他刚造出第一辆汽车。有人把他介绍给爱迪生说：“这位是亨利·福特，他刚发明了一辆‘无马的车’。”

爱迪生饶有兴趣，详细地询问了他的发明。福特解释这是一辆四冲程汽油发动机汽车，并对细节作了说明。

待福特回答完后，爱迪生用拳头猛击桌子，大声说：“年轻人，好样的！你的车自成一体，有自己的发动机，不需要锅炉和蒸汽，唯有汽油！我断定它前途无量，你继续研究下去吧！”

爱迪生的话，让福特受到莫大的鼓舞。后来，福特辞去了爱迪生公司的工作，创建了福特汽车公司，致力于汽车研究，最后成为汽车大王。福特难忘爱迪生的知遇之恩，两人后来成为终生挚友。

俗话说，性格决定命运。天马行空的特斯拉恃才傲物，锋芒毕露，注定只能是个伟大的孤家寡人。福特勤奋好学，行事稳重，富有亲和力，容易结交朋友。也可以说，福特与爱迪生有缘；特斯拉与爱迪生无缘——两个天才因恩怨后来导致与诺贝尔奖擦肩而过，着实令人扼腕。

爱迪生(左)和好友福特

1915 年 11 月 6 日，路透社发自伦敦的消息称，爱迪生和特斯拉将一同分享诺贝尔物理学奖。第二天，特斯拉接受《纽约时报》记者采访时说，他并没有收到正式的获奖通知。但他猜想，获奖原因可能是他发现了无线输送电力的方法。记者问他对爱迪生获奖有何感想，特斯拉笑了笑说，爱迪生可以获得一打诺贝尔奖。

爱迪生当天正在从旧金山展览会返回纽约的途中，他看到这则发自伦敦的消息，似乎很吃惊，但未作任何评论。紧接着，纽约两家权威的刊物于 11 月 14 日登载了爱迪生和特斯拉共同获奖的报道。这一刻，全世界的目光都注视着斯德哥尔摩。然而，就在 11 月 14 日这天，诺贝尔奖基金会宣布，将 1915 年诺贝尔物理学奖授予英国物理学家 H.布拉格和 L.布拉格，以表彰这对父子应用 X 射线测定晶体结构的成就。美国舆论为之哗然。

人们纷纷猜测，究竟发生了什么事？诺贝尔奖基金会拒绝作任何解释。特斯拉的一位朋友后来披露说，是特斯拉婉言拒绝了这一奖项，原因是身为科学发明家的他，不愿与只是发明家的人共享这个荣誉。但另有八卦新闻说，拒绝共享诺贝尔奖的人是爱迪生，理由是他知道特斯拉正缺钱用，故意让这个狂妄的家伙得不到这2万美元的奖金。不过，没有任何证据可以证明，他们两人中有任何一个人曾经拒绝过诺贝尔奖。但是诺贝尔奖基金会并不否认，爱迪生和特斯拉曾是首选人物。

平心而论，就对人类的贡献而言，莫尔斯、贝尔、爱迪生、马可尼这些科学巨人都可以获得诺贝尔奖。莫尔斯死于1872年，由于诺贝尔奖只颁给在世的人，他没有得奖情有可原。爱迪生和贝尔都没有获奖，只能认为是诺贝尔奖基金会的重大疏忽。意大利小子马可尼比较幸运，他因发明无线电于1909年和布劳恩共同获得诺贝尔物理学奖。

事实上，爱迪生的伟大不是诺贝尔奖所能囊括得了的。

1947年，在中国电机工程学会上海分会爱迪生诞辰一百周年纪念大会上，一个中国工程师称赞他说："爱迪生终生自称是一个发明家，他竭尽才智，耗尽精力，都是为了发明。发明是他的志愿，也是他的事业。"另一个西方传记作家对爱迪生作了这样的评价："他没有统率过三军，驰骋战场；也没有占领过哪个国家，征服过哪国人民。但是他发挥的力量，却不是哪个军人所能梦想得到的。"

爱迪生被登在《时代周刊》封面（1925年5月）

1924年5月，爱迪生被选为美国当代最伟大的人，爱迪生得票最多，名列12人中的第一名。美国国会授予他一枚特级国会荣誉勋章，这是国家的最高奖赏。爱迪生还当选为美国科学院院士。这时爱迪生已经77岁，还是照样“一天干两班”，从来没有想到要退休。他的座右铭是：“我探求人类需要什么，然后我就迈步向前，努力去把它发明出来。”

爱迪生一生的发明，获得美国专利的有1099项。有人统计过，如果加上在全世界获得的专利，实际上共有3000项左右。单在1882年一年内，爱迪生申请的发明专利就有141项。“爱迪生效应”尽管不算发明，爱迪生也申请了专利，它产生的影响颇为深远。

美国国会授予爱迪生的荣誉勋章

1883年，爱迪生在研究用高熔点金属材料做灯丝的时候发现：当灯丝白热以后，给金属板加上正电压，金属板和灯丝虽然没有接触，却有电流通过；给金属板加上负电压，金属板和灯丝之间就没有电流通过。这就是著名的“爱迪生效应”。当时，爱迪生解释不了这个现象，他没有继续深入研究下去。直到1897年，约瑟夫·汤姆逊发现电子以后，人们才明白“爱迪生效应”是热电子发射，即灯丝被电流加热便向阳极发射电子。

英国电气工程师弗莱明博士对“爱迪生效应”产生了浓厚的兴趣。从1889年开始，他多次重复过这个实验，想发掘它的实用价值。弗莱明早年就读于伦敦大学和剑桥大学，是麦克斯韦的学生，先后在爱迪生电灯公司、马可尼无线电公司当过技术顾问，很熟悉当时的无线电发展状况。1904年，弗莱明博士根据“爱迪生效应”原理，发明了真空二极管，用来代替金属屑检波器。这个新发明为电子器件的制造打开了一个突破口，也让“爱迪生效应”大放光彩。

爱迪生最重要的发明是电灯和留声机，其他比较著名的发明还有二重电

爱迪生手执实验“爱迪生效应”的灯泡(摄于1918年)

报机和四重电报机、电影、电车、蓄电池、打字机、水泥、橡皮,等等。在第一次世界大战期间,他担任美国海军部技术顾问,先后发明了水雷探测器、水底巡灯、战舰稳定器、吸声器等39种器械。

这位农民家庭出身的发明家享年84岁。从他16岁的第一项发明——自动定时发报机算起,平均每12天半就有一项新发明。要是光算1882年一年,平均不到3天就有一项发明。当然,这些发明创造大多是研究所的成果,是集体智慧的结晶。因为无论如何,一个人要在一年中,平均每三天就搞出一项发明,再能干也是不可能的。但是作为爱迪生研究所的主将,作为这个伟大发明王国的总指挥,他的贡献是举世无双的。他被称为“发明大王”,的确是当之无愧的!

爱迪生的挚友、美国汽车大王亨利·福特曾说:“美国之所以是世界上最繁荣的国家,是因为美国有一个爱迪生。”

爱迪生不愧是美国科学技术史上转折的标志,美国以他为荣。爱迪生的创造发明不仅仅造福美国,给整个世界的文明和进步也作出了巨大贡献。

1922年美国国会统计,爱迪生使美国政府在50年内的税收增加了15亿美元。1928年又一次调查表明,全世界的资本用在与爱迪生的发明有关的事业上的数目如下：

晚年的爱迪生

电车 65 亿美元

电灯 50 亿美元

电影 12.5 亿美元

电话 10 亿美元

电力输送 8.57 亿美元

电报 3.5 亿美元

钢筋工业 2.71 亿美元

车轮工厂 1.9 亿美元

留声机 1.5 亿美元

电动力 1 亿美元

电气装置 3700 万美元

无线电报 1500 万美元

蓄电池 500 万美元

合计：157.25 亿美元

这些数字足以表明爱迪生对现代物质文明的影响，也足以显示他在 20 世纪中的地位。全世界都不会忘记他给人类带来的恩惠。

1931 年 10 月 18 日，爱迪生与世长辞。

当时，美国有人提议全国停电 3 分钟为他默哀。但是，人们很快就认识到这是不成的，因为哪怕停电几秒钟，也会造成社会和生产的巨大混乱。这正好说明爱迪生一生的贡献是多么伟大！

附：

爱迪生生平简历

1847 年　2 月 11 日，爱迪生出生在美国俄亥俄州的米兰镇。父亲塞缪尔·爱迪生是荷兰移民后裔。

1854 年　爱迪生 7 岁时，全家移居到密歇根州的休伦港。

1855 年　8 岁半的爱迪生进小学就读，三个月后，因被老师视为“低能儿”愤而退学。之后，爱迪生在母亲的辅导下学习功课。

1858 年　11 岁时，爱迪生在家里的地窖里建起了小实验室。

1859 年　12 岁时，在火车上当报童卖报纸。

1862 年　15 岁时，在火车上创办《先锋周报》，集发行人、出版者、总编辑、记者于一身。

后来抢救了一个在火车轨道上差点遇难的男孩。男孩的父亲麦肯基站长为了报答他，开始教他学习电报技术。

1863 年　16 岁时，爱迪生成为一名能干的电报员。

1864 年　爱迪生开始在美国中西部各地漂泊。从 1864 年到 1868 年的四年间，他充当流浪电报员，练成了电报快手。

1868 年　爱迪生以电报员的身份来到波士顿，在西部联合电报公司上班。他阅读了法拉第的著作《电学实验研究》，终生受益。

10 月 11 日，爱迪生发明了电子投票记录机，获得第一项专利权。

1869 年　6 月，爱迪生只身闯荡纽约，被聘为黄金行情信息公司总技师。

10 月，与朋友合伙开办了“电气工程师波普－爱迪生公司”。

发明了金价印表机。

发明了爱迪生万能股票打印机，出让专利权，获得4万美元。

1870年 在纽约纽瓦克建立工厂，专门生产电器设备。从1870年到1876年的六年间，爱迪生共申请了122项发明专利，包括二重电报机、四重电报机、自动电报记录机、改良打字机，以及石蜡纸、火警预报器、自动电器笔等。

1871年 4月，母亲南希去世。

爱迪生发明了自动电报记录机。

圣诞节，爱迪生与玛丽·史迪威结婚。

1876年 在纽约近郊的门洛公园建立了“发明工厂”。这是美国第一个有组织的工业科学研究机构。

发明了炭精送话器。

向美国专利局申请了电报自动记录机的专利。

1877年 4月，向美国专利局申请了炭精送话器的专利。

改进了贝尔发明的电话，并使电话投入使用。

12月6日，爱迪生发明了被称为“19世纪的奇迹”的留声机。

1878年 1月，成立了爱迪生留声机公司。

2月19日，爱迪生获得了留声机的专利，专利号为200521。

4月18日，爱迪生来到华盛顿，在美国国家科学院演示留声机，还被海斯总统邀请到白宫进行演示。

9月，爱迪生访问康涅狄格州的华莱士。开始了发明电灯的研究。

1879年 年初，研制出第一台性能优良的发电机“长腿玛丽·安妮”。

4月，获得铂丝白炽灯的专利，专利号为214636。

10月21日，炭丝白炽灯研制成功，它能连续照明45个小时。

11月1日，向美国专利局申请了炭丝白炽灯的专利。

12月21日，《纽约先驱报》报道了爱迪生的白炽电灯。

1880年　1月27日，美国专利局批准了爱迪生的炭丝白炽灯专利，专利号为223898。

5月，第一艘由电灯照明的“哥伦比亚号”轮船试航成功。

7月22日，正式申请了电气机车的专利，后获批准的专利号为265778。

10月，在门洛公园附近建成了电灯厂，开始批量生产电灯。

12月17日，成立了纽约爱迪生电力照明公司。

1881年　爱迪生电力照明公司总部在纽约第五大街设立。

在门洛公园开始实验电车。

6月，为巴黎世界博览会提供了一套重27吨可供1200盏电灯照明的发电设备，爱迪生被推为博览会荣誉团的长官之一。

1882年　9月，纽约珍珠街中央发电站落成。这是美国第一所中央发电厂。

1883年　发现了“爱迪生效应”，并申请了专利。

1884年　8月9日，妻子玛丽因病不幸去世。

1885年　5月23日，申请了无线电报专利。

1886年　2月，爱迪生与米娜·米勒结婚。

1887年　将实验室从门洛公园迁至新泽西州的西奥兰治。

1888年　改良了圆筒式留声机，用圆盘唱片取代了圆筒，并取得了关于留声机的专利权80余份。

1889年　8月3日，偕夫人米娜、长女到巴黎参加世界博览会，受到空前欢迎。

发明了活动电影放映机。

1891 年　买下了新泽西州北部塞塞克斯郡的一座矿山，经营采矿事业。
发明了爱迪生选矿机。
获得了活动电影放映机的专利权。

1893 年　在爱迪生实验室的庭院里建起了世界上第一座电影摄影棚 。

1894 年　在纽约百老汇大街上公开展出了爱迪生发明的电影视镜。

1896 年　2 月，父亲塞缪尔·爱迪生去世。

1898 年　爱迪生采矿事业失败，转而经营水泥制造。

1900 年　爱迪生开始进行蓄电池的研究。

1902 年　使用新型蓄电池进行车辆动力实验，行程为 8000 千米，每充一次电，可走 160 千米，获得成功。

1903 年　摄制了第一部故事片《列车抢劫》。

1904 年　新型电池进入市场。

1908 年　8 月，提出水泥房屋的专利。

1909 年　费时 9 年，蓄电池的研究终于成功。
制成了传真电报。

1910 年　爱迪生水泥公司的产量居全国第 5 位。

1912 年　发明了有声电影。

1914 年　12 月 9 日，西奥兰治实验室起火焚毁，损失达 400 万美元。一个月内重建实验室工程完成。

1915 年　10 月 7 日，爱迪生担任美国海军顾问委员会的委员长。
10 月 21 日，“爱迪生日”（即庆祝白炽灯发明 36 周年），宴会上所有的食品都是用电加工熟的。

1924 年　爱迪生被选为美国当代最伟大的人，得票数名列 12 人中的第一名。

1927 年　2 月 11 日，爱迪生 80 岁生日，收到祝贺信件有数十万封之多。完成了可长时间录制的唱片。

1928 年　从植物中提炼橡胶成功。

1929 年　10 月 21 日，电灯诞生 50 周年，美国及世界各地举行盛大庆祝。爱因斯坦和居里夫人等著名科学家向爱迪生表示祝贺。

1931 年　10 月 18 日，爱迪生与世长辞，享年 84 岁。